레버리지 방법론

LEVERAGE

부자들의 언어

리치비 지음

레버리지 방법론
부제 : 부자들의 언어

초판 발행 : 2025년 11월 20일 초판 1쇄
지은이 : 리치비
펴낸 곳 : (주) 드림벙커
주소 : 인천광역시 서구 청라에메랄드로 102번길 8-22
홈페이지 : www.dreambunker.com
이메일 : dreambunker9@gmail.com
등록일자 : 2025년 01월 24일
등록번호 : 제356-2025-000005호
ISBN : 979-11-991611-9-1

이 책은 저작권법에 따라 보호를 받는 저작물이므로 무단 전재와 무단 복제를 금지하며, 이 책의 전부 또는 일부를 이용하려면 반드시 저작권자와 (주) 드림벙커의 동의를 받아야 합니다.

레버리지 방법론

LEVERAGE

부자들의 언어

리치비 지음

목 차

이 이야기는 위험하다.

당신의 능력

12 | 혼자서는 속력을 낼 수 없다.
13 | 당신의 능력은 생각보다 하찮다
15 | '나 때는 말이야'는 이제 통하지 않는다
16 | 당신의 월급은 이미 가치가 떨어지고 있다
17 | 부자들은 모두 레버리지를 사용한다
18 | 당신의 능력을 과신하지 말라

시간 레버리지

20 | 타인의 시간을 이용하라
21 | 당신의 시간은 누구의 목표를 위해 쓰이는가
23 | 레버리지를 당하는 삶에서 벗어나려면
24 | 공익 조직의 리더도 레버리지 당한다
25 | 시간을 보상하라, 그리고 자유를 얻어라
26 | 당신의 시간은 가장 강력한 자산이다

자본 레버리지

27 | 자본 레버리지의 본질
29 | 자본이 시간을 대신 일하게 만든다
30 | 타인의 자본이란 무엇인가

31 | 자본의 신뢰, 담보의 본질
33 | 담보의 조건 : 가치, 지속성, 기대이익
34 | 담보 가치 평가 방식을 반드시 기억하라.
36 | 가장 단순하고도 강력한 자본 레버리지 : 대출
37 | 자본 레버리지의 궁극적 목표
38 | 돈을 빌리지 말고, 자본을 움직여라

주식을 레버리지하기

41 | 주식 레버리지는 위험하다
42 | 시장은 언제나 변한다
43 | 생각이 빠른 사람이라면 눈치챘을 것이다
44 | 부동산을 담보로 주식에 투자하라
45 | 담보의 안정성이 곧 생존이다
46 | 레이 달리오와 시스템적 레버리지
47 | 레버리지를 제대로 쓰는 법
49 | 담보의 변동성을 이겨내는 자가 진짜 부자다

가시가 변하지 않는 담보

50 | 월급은 가장 강력한 담보다
52 | 보험은 보이지 않는 현금자산이다
54 | 예적금은 신뢰의 증거다
55 | 변하지 않는 담보, 그러나 시간은 변한다
56 | 레버리지는 부자들의 언어다
57 | 사업자는 함부로 빚을 내면 안 된다
58 | 월급쟁이가 부자가 되는 유일한 길

가장 좋은 대출은 원금을 갚지 않는 대출이다

61 | 대출의 상환 방식 이해하기
62 | 원금을 안 갚는 것이 이득이다.
63 | 단리로 갚고, 복리로 번다
65 | 원리금 상환은 착각된 안정이다
66 | 부자들은 이자를 '비용'이 아니라 '기회'로 본다
67 | 월급쟁이에게 가장 유리한 구조
68 | 부자는 원금을 갚지 않는다
69 | 무조건 고정 금리

원금을 절대 없애지 말라

72 | 허상 – 목적에 맞게 종자돈 모으기
74 | 복리로 움직이는 세상
75 | 돈은 금액이 아니라 '비율'로 작동한다
77 | 돈은 사라지지 않는다
79 | 복리는 단리를 이긴다. 원금을 써버리지 말라.
80 | 군인공제회의 경제학
82 | 복리는 '원금 유지의 경제학'이다

자본 레버리지가 폭발적으로 작동하는 구조

84 | 레버리지의 최정점은 부동산이다.
88 | 부동산으로 돈을 버는 네 가지 전략

보험 레버리지하기

94 | 보험은 단순한 보호 장치가 아니다

95 | 보험 약관대출
98 | 보험 레버리지의 핵심 원칙
98 | 부자가 되기 위한 사고 전환

레버리지 ETF, 제대로 이해하면 기회가 된다
100 | 제대로 모르면, 기회도 못 본다.
104 | 장기적 관점에서 레버리지의 힘
106 | 투자 전 반드시 체크할 사항
107 | 투자 방법과 전략
108 | 장기 투자 관점에서의 결론

부자의 사고방식
109 | 사고방식이 부를 만든다
110 | 자산과 부채를 보는 관점
111 | 시간을 이용하는 사고
113 | 행동으로 이어지는 사고

달콤한 유혹에 대한 경고
115 | 폰지 사기 - 돈 넣고 돈 먹기
116 | 부동산 폭탄 돌리기
119 | 대출도 받고, 전세 보증금도 받고

마치며
부록 : 가장 완벽한 자산 비트코인

이 이야기는 위험하다.

레버리지는 '자신 외 타인의 능력을 이용'하는 것이다. 대부분 레버리지는 큰돈을 버는 방법이라고 생각한다. 큰돈을 버는 것은 레버리지의 결과일 뿐 본질적으로 당신의 작은 능력으로 큰 결과를 가져올 수 있는 방법론이 레버리지이다.

인간은 사회 생활을 한다. 사회생활 없는 인간은 없다. 인간은 타인과 상호작용으로 인생의 결과를 만들어낸다. 그렇기에 누구나 레버리지와 관계를 가지고 있다.

앞으로 펼쳐질 이야기는 위험하다.

당신이 완전히 레버리지라는 개념을 일련의 과정으로 이해하지 않고, 결과 추종적 생각으로 이 책을 따라할 경우 파산으로 이를 수 있다.

많은 사람들이 돈 좀 벌고 나면 좀 더 효율적인 방법을 찾는다. 그 끝에는 항상 레버리지가 등장한다. 즉, 당신도 언젠가는 레버리지를 만나게 될 것이다. 그때 레버리지에 대한 이해가 없다면 100% 파산한다.

레버리지 때문에 당신이 파산할 수 있음과 동시에 부를 창출 할 수 있는 기회가 있다는 양면적 사실을 알고 이 책을 읽기 바란다.

PS. 나는 그동안 금융과 자본주의에 무지했던 스스로를 되돌아 보며, 내 주변에서 나에게 돈을 가르쳐 줬던 사람들이 결코 부자가 아니었음을 깨달았다. 모두 부자의 언어를 이해하지 못하고 있었다.

이 책이 당신에게 부자들의 언어를 조금이나마 이해할 수 있기를 바라는 마음으로 집필했다.

집필하다보니 놀란 점이 있다. 그렇게 복잡하지도 분량이 많지도 않았다는 것이다. 당신은 나보다 좀 더 쉽게 부자들의 언어를 이해하기 바란다.

당신의 능력

| 혼자서는 속력을 낼 수 없다.

 파산할 위험이 있음을 알고도 레버리지를 이용해야 하는 이유는 단 하나다. 바로 '속력' 때문이다. 당신 능력으로 도저히 속력을 낼 수 없음을 알기 때문일 것이다.

 세상은 더 이상 느릿한 사람을 기다려주지 않는다. 당신의 순수한 노력과 근면함으로는 이미 속도를 따라잡을 수 없다. 그렇기에 당신은 레버리지를 써야 한다. 빚이든, 기술이든, 인맥이든, 시스템이든 말이다.

왜냐하면 당신도 알고 있다. 당신의 능력으로는 도저히 속력을 낼 수 없다는 사실을 본능적으로 알고 있다. '백지장도 맞들면 낫다'라는 속담도 있지 않은가? 품앗이 하듯 이웃의 도움을 빌리면 농사도 빠른 속력을 낼 수 있다.

그런데도 왜 당신 돈의 힘을 빌리지 않는가? 왜 돈이 일하여 당신을 돕도록 하지 않는가?

| 당신의 능력은 생각보다 하찮다

냉정히 말하자.

당신이 업무를 수행하는 능력, 돈을 버는 능력은 세상에서 그리 대단한 게 아니다. 스스로를 속이지 말라. "나는 일을 잘해", "나는 이 분야 전문가야"라고 아무리 외쳐봐도, 그건 당신의 마음속 위로일 뿐이다.

세상은 당신이 생각하는 것보다 훨씬 냉혹하다. 열심히 일한다고 해서 성공하지 않는다. '노력'은 필수조건이지만, 절대 충분조건이 아니다.

빌 게이츠는 이렇게 말했다.

"세상은 공평하지 않다. 그 사실을 받아들여라."

열심히 일해도, 당신보다 더 똑똑하고 빠르고 젊은 사람이 이미 당신의 자리를 노리고 있다. 그들은 최신 기술을 더 빨리 배우고, 더 적은 시간에 더 큰 결과를 만들어낸다.

그들이 자는 동안에도 알고리즘이 돈을 벌고, 그들이 쉬는 동안에도 시스템이 확장된다.

반면 당신은 피로한 몸을 이끌고 회사에 출근하고, 매일 같은 일을 반복한다.

| '나 때는 말이야'는 이제 통하지 않는다

 당신이 아무리 일을 잘해도, 젊은 경쟁자보다 먼저 늙고 있다. 나이가 들수록 머리 회전은 느려지고, 사고방식은 고착된다. '나 때는 말이야'라는 말이 입에서 나오는 순간, 이미 당신은 뒤처진 것이다.

 젊은 세대는 인공지능을 활용하고, 데이터로 판단한다. 당신이 경험으로만 판단할 때, 그들은 통계를 기반으로 움직인다. 당신의 경험은 이제 감각에 불과하고, 그들의 결정은 과학이 되었다.

 워런 버핏조차 이렇게 말했다.

 "당신이 자는 동안에도 돈이 들어오는 방법을 찾지 못한다면, 당신은 죽을 때까지 일해야 할 것이다."

 그 말은 단순한 경고가 아니다. 노동만으로 버는 돈은 반드시 문제를 가져온다. 당신의 근육은 로봇보다 약하고, 당신의 계산은 컴퓨터보다 느리다. 이제는 사람의 '능력'이 아니라, 시스템의 힘이 돈을 벌어들이는 시대다.

| 당신의 월급은 이미 가치가 떨어지고 있다

당신이 아무리 돈을 잘 번다 해도, 구글이나 애플, 마이크로소프트 같은 거대 기업의 성장 속도에는 미치지 못한다. 그들이 단 하루에 버는 돈은 당신의 평생 소득을 넘는다. 그 차이는 단순한 '규모'의 문제가 아니다. 그들은 레버리지의 제왕이기 때문이다.

당신이 올해 받은 연봉은 내년에 끊길 수도 있다. 설령 계속 일하더라도, 자산시장의 성장률보다 당신의 연봉 상승률이 낮다. 물가는 매년 3%씩 오르고, 돈의 가치는 떨어진다.

당신이 제자리걸음을 하고 있는 동안, 세상은 이미 세 바퀴쯤 돌았을 것이다. 작은 위로라도 하자면, 이건 당신만의 문제가 아니다. 대부분의 사람들은 이미 이런 현실 속에 살고 있다. 하지만 그 사실을 깨닫는 사람과 외면하는 사람의 미래는 전혀 다르다.

| 부자들은 모두 레버리지를 사용한다

일론 머스크는 처음부터 거대한 자본가가 아니었다. 그는 위험을 감수했다. 페이팔을 팔아 번 돈을 전부 다시 스페이스X와 테슬라에 쏟아부었다. 그의 성공은 단순한 천재성의 결과가 아니라, 레버리지의 극단적 사용이었다.

아마존의 제프 베이조스도 마찬가지다. 그는 "오늘의 이익보다 내일의 시장 점유율이 더 중요하다"고 말했다. 남들이 단기 수익에 집중할 때, 그는 시스템과 물류, 인프라에 모든 돈을 투자했다. 그 결과, 아마존은 한 나라의 경제와 맞먹는 거대한 시스템으로 성장했다.

이처럼 모든 부자들은 공통적으로 자신의 한계를 인정하고, 그 한계를 뛰어넘는 시스템을 만든다.

그게 바로 레버리지다.

| 당신의 능력을 과신하지 말라

당신이 업무를 수행하는 능력이나 돈을 버는 능력은 보잘 것 없다. 내게 당신이 얼마를 번다거나 일을 잘한다고 주장하지 말라. 당신이 아무리 일을 잘해도, 젊은 경쟁자보다 먼저 늙고 있으며 나이가 들수록 예전보다 일을 잘할 수 없다.

어깨에 힘을 주지 말라. 당신의 능력은 하찮은 수준이다. 세상은 이미 인간의 능력을 초월한 속도로 움직이고 있다. 결국, 당신이 내릴 수 있는 답은 '레버리지' 밖에 없다.

그것이 빚이든, 기술이든, 투자든, 시스템이든 상관없다. 당신의 노동만으로는 절대 속도를 낼 수 없다. 속도를 내지 못하면, 결국 시장은 당신을 밀어낸다.

당신의 능력은 작지만, 레버리지의 힘은 무한하다. 그리고 그 사실을 받아들이는 순간, 당신은 비로소 진짜 부자가 되는 첫걸음을 내딛게 된다.

시간 레버리지

레버리지는 크게 두 가지로 나눌 수 있다. 바로 '시간(Time)'과 '자본(Capital)'이다. 많은 사람들은 자본 레버리지만을 떠올린다. 즉, 돈으로 돈을 버는 구조 말이다.

하지만 진짜 부자들이 가장 먼저 깨닫는 것은 시간 레버리지의 힘이다. 돈은 잃어도 다시 벌 수 있지만, 시간은 잃으면 다시 얻을 수 없기 때문이다.

워런 버핏은 이렇게 말했다.

"시간은 돈보다 훨씬 가치 있다. 돈은 잃어도 다시 벌 수 있지만, 시간은 절대 되돌릴 수 없다."

이 말은 단순한 교훈이 아니라, 레버리지의 본질을 정확히 짚은 문장이다.

| 타인의 시간을 이용하라

시간 레버리지는 타인의 시간을 이용하는 것이다. 즉, 다른 사람들이 기꺼이 자신의 시간을 당신의 목표를 위해 사용하게 만드는 구조다.

그 대표적인 형태가 바로 조직(organization)이다. 리더와 구성원으로 이루어진 조직은, 누군가의 비전과 목표를 향해 타인의 시간을 결집 시킨다.

리더는 방향을 제시하고, 구성원은 자신의 시간을 제공한다. 그 시간 안에는 노동, 사고, 창의성, 실행력 등 모든 형태의 인간적 자원이 포함된다. 당신이 회사에서 일하고 있다면, 바로 그 순간 당신은 누군가의 시간 레버리지가 되고 있는 것이다.

그 누군가는 당신의 상사일 수도 있고, 회사의 창업자일 수도 있다. 그들은 당신이 제공하는 시간을 이용해 자신의 목표를 실현하고 있다.

스티브 잡스는 애플을 통해 전 세계 수만 명의 인재들

의 시간을 모았다. 그 결과 그는 인류의 삶을 바꿨다. 그가 만든 건 단순한 회사가 아니라, 인류의 시간을 모으는 구조였다.

| 당신의 시간은 누구의 목표를 위해 쓰이는가

모든 조직의 구성원은 자신의 시간을 조직에 제공한다. 그 시간 동안 아이디어를 내고, 문제를 해결하고, 노력을 쏟아붓는다.

그들은 조직의 목표에 기여하지만, 진짜로 원하는 것은 개인의 이익이다. 그 이익은 단순히 돈일 수도 있고, 인정, 성취감, 성장일 수도 있다.

결국 모든 사람은 자신의 시간을 통해 '무언가를 얻기 위해' 일한다.

하지만 그 과정에서 한 가지 진실을 잊는다.

"당신의 시간이 당신의 목표를 위해 쓰이고 있다고 생각한다면, 틀렸다."

당신의 시간은 당신이 아니라, 조직의 목표를 위해 쓰이고 있다. 그 조직의 리더가 정한 방향, 그 기업의 비전, 그 시장의 논리에 따라 당신의 하루가 설계된다.

레버리지 당하는 삶에 분노하는 초보들이 있다. 대게는 쥐뿔도 없는 사람들이 자존심만 센 경우 화를 낸다. 다른 사람을 레버리지 하려면 실력이 있어야 한다. 자본이 있어야 한다. 아무것도 없으면 당신은 레버리지 당하는게 정상이다.

그럼에도 시간이 지나며 당신은 자유를 찾아야 한다. 레버리지 당하는 삶에서 변화를 만들어야 한다. 돈이든 사람이든 당신의 목표를 위해 시간을 나눠줄 누군가를 만들어 내야한다.

| 레버리지를 당하는 삶에서 벗어나려면

그렇다면 당신은 어떻게 해야 레버리지를 '당하지 않고' 살 수 있을까?

방법은 단 하나다. 사장이 되는 것.

당신이 스스로의 목표를 세우고, 그 목표를 위해 타인의 시간을 빌릴 수 있을 때, 비로소 당신은 레버리지를 '활용하는 사람'이 된다.

그 순간, 당신은 고용인에서 고용주로, 구성원에서 리더로, 레버리지 당하는 존재에서 레버리지를 만드는 존재로 바뀐다. 리더가 된다는 건 단순히 높은 위치에 오른다는 뜻이 아니다. 그건 다른 사람들의 시간을 당신의 목표에 연결시키는 능력을 가진다는 뜻이다.

일론 머스크는 말한다.

"나는 하루 24시간 일하지 않는다. 대신, 수만 명의 직원이 내 꿈을 위해 일한다."

그의 하루는 여전히 24시간이지만, 실제로는 수십만 시간의 가치를 창출한다.

그게 바로 시간 레버리지의 절대적 힘이다.

| 공익 조직의 리더도 레버리지 당한다

아이러니하게도, 공익을 추구하는 리더조차도 레버리지를 당한다. 그들은 공공의 목표를 위해 자신의 시간을 바친다. 비록 높은 직위를 가졌더라도, 그들의 시간은 여전히 '공공의 이익'을 위해 쓰인다.

이런 이유로, 진정한 시간 레버리지를 가지려면 당신의 목표가 당신의 소유여야 한다. 공익이든 사익이든 상관없다. 중요한 건, 시간을 지배하는 자가 결국 인생을 지배한다는 것이다.

｜ 시간을 보상하라, 그리고 자유를 얻어라

시간 레버리지는 타인의 시간을 제공받는 것이다. 물론 그 대가를 지불해야 한다. 대부분의 경우 돈으로 보상하지만, 그것만이 유일한 방법은 아니다. 명확한 비전, 성장의 기회, 신뢰, 인간적 존중 — 이런 것들도 훌륭한 보상의 형태다. 당신이 사람들에게 자신의 시간을 기꺼이 내어줄 이유를 제공한다면, 그들은 당신의 꿈을 자신의 일처럼 수행할 것이다.

시간 레버리지를 제대로 사용하는 사람은 단순히 부자가 아니라 자유인이다. 왜냐하면 그는 더 이상 자신의 시간을 팔지 않기 때문이다.

그의 시간은 생각하고, 결정하고, 창조하는 데 쓰인다. 돈을 아무리 많이 벌어도, 여전히 자신의 시간을 팔고 있다면 그는 자유로운 사람이 아니다.

진짜 부자는 시간을 통제하는 사람이다.

| 당신의 시간은 가장 강력한 자산이다

시간 레버리지는 단순한 효율의 개념이 아니다. 그것은 삶의 주도권을 되찾는 방법이다. 당신이 자신의 시간을 팔아 사는 인생을 끝내고 싶다면, 이제부터는 타인의 시간을 구조화할 줄 알아야 한다.

그들이 당신의 목표를 위해 움직일 때, 당신은 비로소 '시간의 주인'이 된다. 시간 레버리지를 아는 사람은 결국 자유를 얻는다. 그리고 그 자유가 곧, 진짜 부의 시작이다.

자본 레버리지

| 자본 레버리지의 본질

레버리지는 크게 두 가지 축으로 나뉜다. 하나는 시간(Time), 다른 하나는 자본(Capital)이다.

이 글은 그 중에서도 자본 레버리지에 관한 이야기다. 앞으로 할 이야기도 자본 레버리지에 관해 자세히 설명하겠다.

자본 레버리지는 간단히 말하면 타인의 자본을 이용

하는 것이다. 그러나 그 단어 안에는 단순히 '돈을 빌리는 것' 이상의 깊은 의미가 담겨 있다.

진정한 자본 레버리지는 타인의 자본을 이용해 자신의 시간을 자유롭게 만드는 것을 목표로 한다. 즉, 자본 레버리지는 시간 레버리지로 가기 위한 전제 단계다.

이 책에서 자본 레버리지를 중심으로 말하지만, 잊지 말아야 할 점이 있다. 당신의 최종 목적지는 '돈을 버는 것'이 아니라, '시간을 되찾는 것'이어야 한다는 점이다. 돈은 도구일 뿐이고, 자유는 목적이다.

자본 레버리지는 세상을 움직이는 가장 강력한 힘이다. 빌 게이츠, 워런 버핏, 일론 머스크 — 이 모든 부자들은 타인의 자본을 활용해 제국을 만들었다.

워런 버핏은 이렇게 말했다.

"당신이 부자가 되려면, 당신보다 돈이 많은 사람의 돈이 당신을 위해 일하게 만들어야 한다."

그는 단순히 주식을 사고팔며 돈을 번 것이 아니다. 그는 타인의 자본과 기업의 자산을 이용해 시스템을 만든 사람이다.

그의 성공은 자본 레버리지의 결정체다. 자본 레버리지는 보통 '투자'의 세계에서 가장 많이 언급된다. 하지만 진정한 자본 레버리지는 투자와 사업, 그리고 인적 네트워크까지 확장된 개념이다. 단순히 돈을 빌리는 것이 아니라, 자본이 나를 대신해 일하도록 만드는 것이 핵심이다.

| 자본이 시간을 대신 일하게 만든다

자본 레버리지는 결국 시간 레버리지를 가능하게 하기 위해 존재한다. 돈이 충분히 돌아가면, 당신은 더 이상 하루 8시간을 팔 필요가 없다. 당신의 자본이 대신 일하고, 당신의 자본이 대신 시간을 번다.

예를 들어 부동산 임대, 주식 배당, 사업 시스템, 자동

화된 온라인 플랫폼 등은 모두 자본이 일을 하는 구조다. 당신은 자고 있어도 돈이 들어오고, 휴가를 떠나도 이익이 발생한다.

로버트 기요사키는 《부자 아빠 가난한 아빠》에서 이렇게 말했다.

"가난한 사람은 돈을 위해 일하고, 부자는 돈이 자신을 위해 일하게 만든다."

이 말은 바로 자본 레버리지의 철학을 요약한다. 돈을 단순히 소비하는 데 쓰지 말고, 돈이 또 다른 돈을 낳게 하는 구조를 만들어야 한다는 것이다.

| 타인의 자본이란 무엇인가

타인의 자본은 여러 형태로 존재한다.

가장 대표적인 것은 대출(loan)이다. 은행, 투자자, 개인, 사기업 등 다양한 주체가 자본을 제공할 수 있다.

대출은 단순히 빚이 아니라, 성장의 가속 장치다. 일론 머스크 역시 초기에 테슬라를 키울 때 수십억 달러의 외부 자본을 유치했다.

그가 자신의 돈만으로 회사를 키웠다면, 테슬라는 지금의 규모에 도달하지 못했을 것이다. 그는 리스크를 감수했고, 타인의 자본을 끌어들여 시간을 단축시켰다. 가속화된 속도는 결국 부를 더 크게 더 빨리 만든다.

| 자본의 신뢰, 담보의 본질

타인의 자본을 이용하려면 반드시 신뢰가 필요하다. 그 신뢰를 증명하는 것이 바로 담보다. '담보'라는 단어의

의미를 보자. '멜 담'과 '지킬 보'로, "지켜야 할 약속을 어깨에 멘다"는 뜻이다. 즉, 타인에게 약속을 짊어지고, 그 약속의 무게를 견뎌야 한다는 의미다.

타인이 당신에게 자본을 빌려주는 이유는 단 하나다. 그들은 당신이 약속을 지킬 것이라 믿기 때문이다. 그 믿음을 보증하는 것이 담보다.

담보는 유형적인 것도, 무형적인 것도 될 수 있다. 토지, 부동산, 예금, 지식재산, 신용, 브랜드 가치, 평판까지 모두 담보가 될 수 있다.

즉, 타인의 자본을 끌어들이는 사람은 '신뢰의 자산'을 가진 사람이다. 당신이 소유한 모든 것은 담보가 될 수 있다. 당신 자체가 담보이기도 하다. 당신의 이름이 곧 담보가 되는 순간, 당신은 자본 레버리지의 세계에서 자유롭게 움직일 수 있다.

| 담보의 조건 : 가치, 지속성, 기대이익

좋은 담보에는 세 가지 조건이 있다.

[**경제적 가치**] 시장에서 교환 가능한 실질적 가치가 있어야 한다. 10년 후에도 팔 수 있고, 누군가가 사고 싶어 하는 대상이어야 한다.

[**지속성**] 시간의 흐름 속에서도 가치가 유지되어야 한다. 쉽게 사라지지 않고, 세월이 흘러도 대체 가능한 능력이나 자산이어야 한다.

[**기대이익**] 타인은 단순히 원금만 회수하길 바라지 않는다. 그들은 당신이 빌린 자본을 가지고 더 큰 가치를 만들어낼 것이라 기대한다. 이 '기대이익'이 클수록, 더 많은 자본을 레버리지 할 수 있다.

결국 담보의 본질은 신용이다. 신용이란 단순히 돈을 갚을 능력이 아니라, 약속을 지킬 사람이라는 평판의 총합이다.

｜ 담보 가치 평가 방식을 반드시 기억하라.

 레버리지의 크기 즉, 당신이 조달 가능한 자금이 얼마인지는 담보 가치에 달렸다. 담보가치는 돈을 빌려주는 곳에서 평가를 하여 값을 메긴다.

 담보가치 평가 방식을 이해한다면, 최상의 레버리지 투자 타이밍을 잡을 수 있다. 레버리지를 아무리 잘 이해하고 있어도 이를 모른다면 효율적인 투자를 만들어 낼 수 없다.

 금융상품의 경우 납입한 원금으로 그 담보가 평가되기에 가장 쉽다. 1억 원이 납입되었다면 담보가치를 1억 원으로 산정한다.

 부동산의 경우는 은행은 대출 담보평가를 'KB부동산시세'를 기준으로 한다. 아파트 주택담보대출을 받고자 할 때 실제 매매되는 가격이 10억이라 하더라도 KB시세가 5억으로 평가되어 있으면, 대출 담보는 5억 원으로 평가된다.

만약, KB시세가 없는 빌라, 오피스텔, 상가 등 부동산이라면 한국부동산원의 부동산 공시가격을 기준으로 평가한다.

반면, 정부기관은 부동산 공시가격을 기준으로 한다. 공시가격은 매년 최신화되며 '부동산 공시가격 알리미' 인터넷 사이트에서 확인 할 수 있다. 이는 정부 전세자금대출 같은 자금이 공시가격을 기준으로 한다.

직장인이라면 당신의 월급 수준과 예상 퇴직금을 담보로 평가한다.

사업체나 기업이라면 재무재표의 매출과 순영업이익을 기준으로 담보를 평가한다.

담보를 평가하게 되면 당신이 얼마의 자본을 조달할 수 있는시 잠시만 생각해도 알수 있게 된다.

자산시장에서 거래되는 가격은 매번 바뀐다. 즉, 담보 가치보다 높을 때도 있고, 낮을 때도 있다. 담보 가치 평가가 변하는데는 수개월이 걸리지만, 거래되는 가격은 매순간 바뀐다.

담보가치가 매매가격보다 높다면, 당신은 레버리지를 활용해 거의 공짜로 자산을 취득할 수 있다. 반면, 담보가치가 낮고, 매매가격이 높다면 레버리지를 활용하더라도 많은 자본이 필요하게 된다.

담보 평가 방식을 이해하고 있다면, 당신의 수익은 더욱 극대화 될 수 있다. 〈군인은 어떻게 부자가 될 수 있을까〉에서 소개한 지인들의 아파트 구매 사례는 모두 이 원리를 알고 있기에 자본 없이 아파트를 살 수 있게 되었다.

| 가장 단순하고도 강력한 자본 레버리지 : 대출

가장 쉬운 형태의 자본 레버리지는 바로 대출이다. 대출은 단순한 빚이 아니라, 자본 레버리지의 출발점이다. 다만, 빚을 소비로 쓰면 그것은 당신의 족쇄가 되고, 생산으로 쓰면 그것은 당신의 날개가 된다.

부자들은 빚을 두려워하지 않는다. 그들은 빚을 이용해 더 큰 자산을 만든다.

도널드 트럼프는 이렇게 말했다.

"좋은 빚은 당신을 부자로 만들고, 나쁜 빚은 당신을 가난하게 만든다."

그의 말처럼, 중요한 건 '빚의 존재'가 아니라 '빚의 용도'다. 당신이 빚을 무엇에 쓰느냐가 인생의 방향을 결정한다.

| 자본 레버리지의 궁극적 목표

자본 레버리지의 끝은 단순히 '부의 축적'이 아니다. 그것은 시간 레버리지로의 진입, 즉 자유의 획득이다.

돈이 돈을 벌고, 시스템이 돌아가고, 타인의 시간이 당신의 목표를 향해 움직일 때, 당신은 노동에서 해방된다.

이것이 부자가 '일을 안 해도 돈이 버는 이유'다. 결국 자본 레버리지는 당신의 시간을 되찾기 위한 도구이자, 자유로 향하는 사다리다.

당신이 빚을 두려워하지 않고, 자본을 이해하고, 그 자본을 타인의 신뢰로 연결할 수 있다면, 당신은 이미 부자의 첫 관문을 통과한 것이다.

| 돈을 빌리지 말고, 자본을 움직여라

자본 레버리지는 단순한 대출의 기술이 아니다. 그것은 타인의 자본을 당신의 비전에 동참시키는 기술이다.

그 담보가 확실하다면, 자본은 자연스럽게 당신에게 몰려든다. 당신이 자본을 이용하지 않으면, 언제나 누군가가 당신을 통해 자본을 이용하게 된다. 세상은 끊임없이 누군가의 돈이 누군가의 시간을 움직이는 구조로 되어 있다.

이제 당신의 선택만 남았다.

자본의 노예로 살 것인가, 자본을 레버리지하는 사람으로 살 것인가.

주식을 레버리지하기

이 책에서 말하는 '주식'은 개별 종목이 아니다. 여기서는말하는 주식은 '종합주가지수', 즉 시장 전체의 방향에 투자하는 자산이다.

조금 더 구체적으로 말하자면, 주식시장에서 거래되는 종합주가지수 ETF(상장지수펀드) 를 의미한다.

예를 들어 코스피200, S&P500, 나스닥100 같은 상품들이다. 이들은 개별 기업의 운명에 의존하지 않고, 시장의 전체 성장률을 반영한다.

즉, 당신이 이 책에서 다루는 주식 레버리지의 본질을 이해하려면, 폭등하는 개별 기업의 주식을 맞히려는 '투기'의 시선에서 벗어나야 한다. 우리는 시장 전체의 '방향'에 투자하는 것이다.

| 주식 레버리지는 위험하다

주식투자에서 레버리지를 이용한다는 것은, 매우 위험한 행동이다. 왜냐하면 대부분의 개인 투자자들은 주식을 담보로 돈을 빌리기 때문이다.

주식은 변동성이 큰 자산이다. 오늘은 상승하지만, 내일은 폭락할 수 있다. 이 담보는 안정적이지 않다. 쉽게 무너지고, 한순간에 '제로'가 될 수 있다.

예를 들어보자.

A라는 기업의 주식이 100만 원이라고 하자. 이 주식을 담보로 당신은 100만 원을 대출받는다. 즉, 당신은 100만 원의 자기자본 + 100만 원의 빚 = 200만 원으로 투자를 하게 된다.

이제 A주식이 50% 하락했다고 가정하자. 당신의 주식 가치는 200만 원에서 100만 원으로 줄었다. 그러나 당신은 여전히 100만 원의 빚을 갚아야 한다.

만약 현금이 없다면? 남은 100만 원의 주식을 전부 팔아야 한다. 그렇게 100만 원을 상환하면 당신은 빈털터리가 된다.

결국 당신은 시장에서 퇴출된다. 그 후 A주식이 다시 반등해 200만 원이 되더라도, 당신은 이미 시장에 없다. 보유한 주식이 없기 때문이다.

이것이 바로 레버리지 투자자들이 반복하는 비극이다.

| 시장은 언제나 변한다

주식시장은 상승과 하락을 끊임없이 반복한다. 폭등이 있으면 폭락이 있고, 안정기 뒤에는 또 다른 변동이 온다. 이것은 시장의 본질이다.

벤저민 그레이엄은 말했다.

"시장은 단기적으로는 투표기계이지만, 장기적으로는

저울이다."

즉, 단기 변동성은 예측할 수 없고, 그 변동성을 견디지 못하면 장기 수익을 얻을 수 없다.

문제는 대부분의 사람들이 견디지 못한다는 것이다. 특히 레버리지를 쓴 사람은 그 변동성을 감당할 수 없다. 특히,주식 담보 대출을 사용한 투자자는 하락장에서 강제로 청산당한다. 그들이 청산당하는 그 시점이, 아이러니하게도 시장의 바닥일 때가 많다. 그들은 결국 레버리지의 희생양이 된다.

| 생각이 빠른 사람이라면 눈치챘을 것이다

여기서 당신이 조금이라도 똑똑하다면, 이야기 속에서 하나의 아이디어가 떠올랐을 것이다.

"어차피 오를 주식이라면, 주식을 담보로 빚을 내지 말고, 다른 담보를 이용해 투자하면 되지 않을까?"

그렇다.

바로 그 생각이 레버리지의 위험을 회피하는 핵심 원리다.

| 부동산을 담보로 주식에 투자하라

A주식을 살 때, 부동산을 담보로 100만 원을 대출받았다고 가정하자. 그 대출로 A주식을 매수한다.

이제 A주식이 50% 하락했다.

하지만 부동산의 가치는 변하지 않는다. 당신의 담보는 여전히 안전하다. 은행은 강제 청산을 하지 않는다.

이때 시간이 지나 A주식이 다시 반등해 200만 원이

되었다면, 당신은 자기자본 100만 원으로 100만 원의 수익, 즉 100%의 수익률을 얻게 된다. 게다가 하락 구간에서도 청산당하지 않았기 때문에, 끝까지 상승을 누릴 수 있었다.

부동산을 담보로한 대출이 아니더라도 핵심은 안전한 담보에서 레버리지를 일으켰냐는 것이다. 당신의 직업이 안정적이라면 직업을 담보로 대출을 받아도 된다.

레버리지는 반드시 안정된 담보에서 시작해야 한다. 이것이 바로 레버리지의 올바른 활용법이다.

| 담보의 안정성이 곧 생존이다

레버리지 투자에서 가장 중요한 것은 '담보의 성격'이다. 담보의 가치가 함께 출렁이면, 당신은 시장의 변동성을 견딜 수 없다.

반대로, 담보가 변하지 않는다면 당신은 시장의 공포를 버티고 시간이라는 친구와 함께할 수 있다.

워런 버핏은 이렇게 말했다.

"주식시장은 조급한 사람의 돈을 인내심 있는 사람에게 옮겨주는 장치다."

레버리지를 쓸 때도 마찬가지다. 변동성에 휘둘리지 않으려면, 버틸 수 있는 구조를 만들어야 한다.

| 레이 달리오와 시스템적 레버리지

세계 최대 헤지펀드인 브리지워터(Bridgewater)의 창업자 레이 달리오는 '레버리지의 대가'로 불린다.

하지만 그가 강조하는 것은 무조건적인 차입이 아니

라, 통제된 위험 구조다.

그는 이렇게 말한다.

"레버리지는 나를 빠르게 부자로 만들 수도 있고, 순식간에 파산시킬 수도 있다. 따라서 나는 항상 '견딜 수 있는 리스크'만 감수한다."

그의 투자 철학은 단순하다.

레버리지의 핵심은 돈이 아니라, 구조다. 담보가 흔들리지 않고, 시스템이 유지되는 한 레버리지는 당신의 시간을 단축시켜주는 최고의 도구가 된다.

| 레버리지를 제대로 쓰는 법

1. **주식 자체를 담보로 쓰지 말 것**. 주식은 변동성이 크다. 담보로 쓰는 순간, 스스로 폭탄을 껴안는 셈이다.

2. 변동성이 낮은 자산으로 대출을 받을 것. 부동산, 예금, 현금 흐름이 안정적인 자산이 이상적이다.

3. 시장 전체에 투자할 것. 개별 종목은 위험하다. 종합주가지수 ETF에 투자하라. 종합주가지수는 최대 30% 수준으로 하락하지만, 개별 종목은 상장 폐지될 수 있기 때문이다.

4. 레버리지는 생존 가능한 범위 내에서만 사용할 것. 한 번의 폭락으로 게임이 끝나지 않도록 해야 한다.

5. 이익보다 생존을 먼저 생각할 것. 시장에서 오래 살아남는 것이 곧 부의 전제다. 생존할 수 있는 구조를 만든 다음 적극적으로 레버리지를 사용 해야 한다.

이 모든 것을 지켜야 한다. 하나라도 지키지 않으면 당신은 레버리지의 비극을 맞이하게 된다.

│ 담보의 변동성을 이겨내는 자가 진짜 부자다

주식 레버리지는 단순한 투자 기술이 아니다. 그것은 위험을 통제하는 지능의 시험이다. 부자가 되는 사람은 모두 '레버리지'를 쓴다.

하지만 파산하는 사람도 '레버리지'를 쓴다. 둘의 차이는 단 하나, 담보의 안정성이다. 주식을 담보로 돈을 빌리면, 당신은 시장의 노예가 된다.

하지만 변하지 않는 담보로 자본을 확보하면, 당신은 시장의 주인이 된다. 레버리지의 핵심은 위험을 피하는 것이 아니라, 생존할 수 있는 구조를 설계하는 것이다.

그 구조만 갖춘다면, 당신은 시장의 폭락마저도 기회의 순간으로 바꿀 수 있다. 담보가치가 변하지 않는 곳에서 대출을 받아, 주식에 투자하라. 그것이 가장 단순하면서도, 가장 지능적인 레버리지 전략이다.

가치가 변하지 않는 담보

| 월급은 가장 강력한 담보다

앞서 우리는 변동성이 큰 주식시장에서 어떤 담보를 이용해 레버리지를 일으켜야 하는지를 간단히 살폈다.

이제는 좀 더 근본적인 질문을 던질 차례다.

"당신이 지금 가지고 있는 담보는 무엇인가?"

대부분의 사람은 돈이 없다고 말하지만, 실제로는 이미 강력한 담보를 손에 쥐고 있다. 다만 그것의 '가치'를 모르고 있을 뿐이다.

당신이 직장인이라면, '안정된 월급'이야말로 가장 훌륭한 담보다. 이 월급은 매달 꾸준히 들어오는 예측 가능한 현금흐름이다. 워런 버핏이 "예측 가능한 수입이 있다면, 그것은 곧 가장 강력한 보증서다."라고 말한 이유도 바로 여기에 있다.

은행이 직장인에게 대출을 해줄 때 가장 먼저 확인하는 것은 자산이 아니라 재직증명서와 급여내역이다. 그만큼 고정 수입은 '신뢰' 그 자체다. 즉, 월급은 당신의 첫 번째 신용이며, 가장 확실한 담보다.

내가 군 복무시절 많은 군 선배들이 전역 후 내집마련 하려 했다. 대출을 받아야 했지만, 은행은 돈을 빌려주지 않았다. 그들은 무직자이기에 돈을 갚을 능력이 없다고 은행은 생각하기 때문이다.

당신이 받는 월급을 우습게 보지 말라. 가장 강력한 신용이고 최고의 자산적 가치를 가진다.

| 보험은 보이지 않는 현금자산이다

보험을 들고 있다면, 당신의 '납입한 보험료' 역시 훌륭한 담보다. 보험은 단순히 보장만을 위한 상품이 아니다.

매달 꾸준히 납입한 금액은 일정한 해지환급금과 대출한도를 만들어 준다. 이것은 기회가 왔을 때 즉시 현금화할 수 있는 보이지 않는 자산된다.

사고나 질병이 생겼을 때 보장된 보험금을 활용할 수 있으면서도, 보험 약관 대출로 당신의 납입금을 활용할 수 있다. 적정한 수준의 보험은 당신의 위험에 대응하고 투자의 기회도 누릴 수 있는 좋은 전략을 구사할 수 있다.

보험은 크게 3종류가 있다. 손해보험, 생명보험, 저축 또는 연금보험이 있다.

손해보험이나 생명보험은 당신이 질병을 앓거나 다쳤을 때 병원비를 해결할 보험금을 받을 수 있다. 〈군인은 어떻게 부자가 될 수 있을까〉에서는 보험 대신 주식으로 병원비를 해결하라고 했다. 3천만 원 정도만 현금으로 가지고 있어도 대부분의 병원비는 죽을 때 까지 해결할 수 있기 때문이다.

그럼에도 오래전부터 납입한 손해보험과 생명보험을 해지하기 아깝거나, 납입기일이 거의 임박한 경우 가입을 유지해도 좋다. 다만 보험에 쌓인 납입금을 활용해 또 다른 자산에 투자하길 권한다. 보험의 보장계약을 유지하면서도 그 돈을 일하게 하는 좋은 선택이 된다.

반면, 저축성 보험(변액, 연금저축 등)은 당장 손해라도 해지하는 것이 더 나을 수 있다. 당신이 납입한 보험료 중 10%는 수수료로 먼저 지불한다. 원금을 넣자마자 10% 손실이 확정된 상태로 투자를 시작한다. 당신이 직접 투자하는 것 만큼 보험사가 운용하려면, 시장 평균보다 10% 수익을 매번 내야한다.

즉, 저축성 보험은 아무리 비과세라고 해도 시간이 지날수록 손해다. 이 역시 그냥 탈출 하자. 해약환급금이 50%밖에 되지 않아 당신 원금의 절반밖에 찾지 못한다하더라도 종합주가지수에 장기 투자하면 복리효과가 모든 것을 상쇄하고 더 큰 수익을 가져다 준다.

│ 예적금은 신뢰의 증거다

또한 당신이 은행에 맡긴 예·적금 납입금도 마찬가지다. 이자율은 낮지만, 가장 확실한 신용 담보로 인정받는다.

예적금 담보대출을 이용하면 원금은 그대로 두고, 필요한 순간에 자본을 앞당겨 활용할 수 있다.

목돈이 필요한 순간 예적금을 해지하는 것이 아니라, 그 자금을 담보로 대출을 받으라는 것이다. 이것은 원금을 절대 써버리지 말라는 뜻이다. 이 이유는 뒤에서 자세히 설명하니 참고하길 바란다.

| 변하지 않는 담보, 그러나 시간은 변한다

중요한 것은 이 세 가지 담보의 본질적인 특성이다.

1. 직장을 다니는 동안 당신의 담보가치는 유지된다.

2. 보험을 해지하지 않는 한, 담보가치는 유지된다.

3. 예적금을 깨지 않는 한, 그 담보가치는 유지된다.

이 세 가지는 모두 가치가 떨어지지 않는다. 심지어 시장의 변동성이라는 개념조차 없다.

하지만 문제는 시간이다. 세월이 지나면 화폐의 가치가 떨어진다. 오늘의 1천만 원은 20년 뒤에 5백만 원의 가치밖에 되지 않는다.

그렇기에 가만히 두는 것은 '보존'이 아니라 '소실'이다. 이 담보들로부터 자본을 창출하여 더 생산적인 활동에 적극 활용해야 한다.

| 레버리지는 부자들의 언어다

 따라서 직장인 신용대출, 보험 약관대출, 예적금 담보대출은 반드시 활용해야 한다. 이것은 빚이 아니라 '앞당긴 자본'이다.

 워런 버핏 역시 젊은 시절, 안정적인 보험 담보를 이용해 첫 번째 투자금을 마련했고, 부동산 투자자 로버트 기요사키 또한 "레버리지는 부자들의 언어다."라고 강조했다.

 그들은 모두 담보의 가치를 인식하는 순간부터 자본가의 길이 시작된다는 사실을 알고 있었다.

 당신이 레버리지를 이해하지 못한다면, 당신을 호구로 보는 영업원들이 달려들 것이다. 약육강식의 자본주의 구조에서 당신은 먹잇감으로 살아갈 것이다. 레버리지를 반드시 알고 있어야 한다.

| 사업자는 함부로 빚을 내면 안 된다

직장을 다니지 않는다면, 당신은 아마 개인사업자나 프리랜서일 것이다. 이 경우는 다르다. 사업자의 대출은 절대 신중해야 한다.

사업 매출이나 영업이익을 담보로 잡지만, 그것은 주식시장만큼 변동성이 크다. 매출은 오늘 오를 수 있지만 내일은 급락할 수도 있다. 즉, 사업을 담보로 한 대출은 '가치가 들쑥날쑥한 담보'이며, 그 자체가 위험이다.

빌 게이츠는 이렇게 말했다.

"나는 확실한 수입이 있을 때만 빚을 활용했다. 불확실한 수입 위에 빚을 세우면, 그건 투자자가 아니라 도박꾼이다."

이 말처럼, 예측 가능한 담보 위에서만 레버리지가 힘을 발휘한다.

남들은 내게 대출 받는 것에 겁이 없다고 생각하거나, 심지어 무모하다고 말하는 경우도 있다. 나는 레버리지를 어떤 구조로 설계할 때 안전하고, 위험한지 이해하고 있다. 대출은 담보로부터 발생한다는 것을 당신도 이해한다면 왜 직장왜은 대출을 적극 활용하고, 사업자는 대출을 하면 안된다는지 이해할 수 있을 것이다.

| 월급쟁이가 부자가 되는 유일한 길

직장인의 월급은 작아도 강력하다. 고정되고 안정된 수입은 금융기관이 가장 높게 평가하는 담보이기 때문이다. 당신이 이 원리를 제대로 이해한다면, 월급이 작더라도 그 담보가치를 적극적으로 활용해 레버리지해야 한다.

부자가 되는 길은 단순히 돈을 많이 버는 것이 아니라, 자신의 담보를 얼마나 효율적으로 작동시키느냐에 달려 있다. 직장인의 레버리지는 단순한 대출이 아니다. 그것은 '미래의 나'를 지금으로 끌어오는 힘이다.

레이 달리오가 말했다.

"레버리지를 두려워하지 말라. 그것을 이해하지 못하는 것을 두려워하라."

결국 부자가 되는 사람은 자신의 담보를 가장 정확히 이해하는 사람이다. 그리고 그 담보는 이미, 당신 안에 있다.

가장 좋은 대출은
원금을 갚지 않는 대출이다

대출이라 하면 사람들은 본능적으로 '빨리 갚아야 한다'고 생각한다. 빚을 지는 순간 마음이 불편해지고, 원금을 갚는 것이 곧 자유라고 믿는다.

하지만 부자들은 정반대로 생각한다. 그들은 원금을 최대한 오래, 심지어 끝까지 갚지 않는다.

왜냐하면 그들에게 원금은 '갚을 돈'이 아니라 '굴릴 돈'이기 때문이다.

| 대출의 상환 방식 이해하기

대출을 받으면 여러 가지 상환 방식이 존재한다. 가장 일반적인 두 가지는 다음과 같다.

만기 일시 상환 방식 – 대출 계약기간 동안 매달 이자만 내고, 만기일에 원금을 한 번에 갚는 방식이다.

원리금 균등 상환 방식 – 매달 원금과 이자를 함께 갚는 방식으로, 대출 기간이 길수록 일반적이다.

은행은 담보가치의 예측 가능성에 따라 상환 구조를 다르게 만든다. 1년 뒤 담보의 가치를 예측하는 것은 쉽지만, 30년 뒤의 가치를 예측하는 것은 불가능에 가깝다. 그래서 장기 대출일수록 은행은 중간중간 원금 일부를 회수하는 구조로 설계한다.

그것이 바로 원리금 균등상환 방식의 본질이다. 즉, 은행이 원금을 빨리 갚으라고 하는 이유는 당신을 위한 배려가 아니라 자기들의 리스크 관리 때문이다.

| 원금을 안 갚는 것이 이득이다.

자금을 빌려주는 입장에서는 담보가치의 불확실성을 두려워하지만, 자금을 빌리는 당신의 입장에서는 이야기가 다르다.

원금은 현금이다. 시간이 지나면 가치가 떨어진다. 지금 100만 원은 10년 뒤 50만 원의 가치밖에 되지 않는다. 그렇다면 지금 100만 원을 빌리고, 10년 뒤 '절반 가치의 돈'으로 갚는다면 누가 이득일까?

당연히 빌린 사람이다.

로버트 기요사키는 이렇게 말했다.

"나는 빚을 싫어하지 않는다. 나는 나쁜 빚을 싫어할 뿐이다. 좋은 빚은 내 대신 일한다."

그의 말처럼, 당신이 자본 레버리지를 이해한다면 원금을 갚지 않는 대출이야말로 가장 효율적인 형태의 '좋은 빚'임을 알게 된다.

이자는 비용이 아니라, 더 큰 자본을 움직이기 위한 '사용료'일 뿐이다.

| 단리로 갚고, 복리로 번다

이제 수치로 비교해보자.

당신이 연 3%의 금리로 1억 원을 빌려 S&P500 지수에 투자한다고 가정하자.

S&P500의 역사적 연평균 수익률은 약 7%다.

매월 내야 할 대출이자는 약 25만 원.

20년 동안 낸 총 이자는 약 6천만 원.

그러나 투자된 1억 원은 20년 뒤 약 3억 8,600만 원으로 불어난다.

결과적으로 원금 1억 원을 상환하더라도, 당신은 순수익 2억 2,600만 원을 얻게 된다. 빌린 돈으로 번 돈이다.

당신의 돈 한 푼 들이지 않고 만들어낸 복리의 결과다.

왜 이런 일이 가능할까?

이유는 간단하다.

대출이자는 단리로 계산되지만, 투자수익은 복리로 계산되기 때문이다.

워런 버핏은 말했다.

"복리는 세상에서 가장 강력한 마법이다. 단리로 돈을 갚는 사람은 복리로 돈을 버는 사람의 종이 된다."

| 원리금 상환은 착각된 안정이다

많은 사람들이 원리금을 함께 갚는 것이 더 안전하다고 생각한다. 하지만 그것은 '심리적 안정감'일 뿐, 재정적으로는 불리하다.

동일한 1억 원 대출을 예로 들어보자.

원리금 균등상환을 선택하면 매달 약 98만 원을 갚아야 하고, 20년간 총 납부이자는 약 1,560만 원이다.

겉보기엔 이자가 더 적으니 이득처럼 보이지만, 그 20년 동안 당신은 매월 73만 원의 투자 기회를 잃는다.

(이자만 내는 방식 25만 원 vs 원리금 상환 98만 원의 차이 73만 원)

만약 그 73만 원을 매달 S&P500 같은 자산에 투자했다면, 20년 뒤 2억 9천만 원의 자산이 쌓인다.

즉, 원리금을 갚으며 '마음의 안정을 산 대가'로 당신은 '시간의 복리'를 잃은 것이다.

| 부자들은 이자를 '비용'이 아니라 '기회'로 본다

일반인은 이자를 '손해'로 본다. 하지만 부자들은 이자를 '기회의 대가'로 본다. 나는 〈군인은 어떻게 부자가 될 수 있을까〉에서 대출을 타임머신이라고 부르고, 대출이자를 타임머신 이용료라고 했다. 당신이 대출을 받아 미래에도 가치가 있는 자산이나 가치를 산다면 시간을 산 것과 다름없기 때문이다.

빌 게이츠는 이렇게 말했다.

"현명한 사람은 돈을 빌려서 시간을 산다."

이자는 바로 그 시간의 값이다.

시간이 당신의 편일 때, 이자를 내는 동안 자산은 복리로 불어난다. 이 차이를 이해한 사람만이 진정한 자본주의의 룰(Rule)을 체득한 것이다.

| 월급쟁이에게 가장 유리한 구조

　당신이 직장인이라면, 매달 들어오는 월급이 바로 가장 강력한 담보다.

　20년 동안 안정된 소득이 보장된다면, 그 담보를 기반으로 '이자만 내는 대출'을 활용하라.

　연 3% 이자율로 1억을 빌려 투자하고, 매달 이자를 낸 뒤 남는 돈으로 또 투자하라.

　그렇게 20년간 자본을 굴린다면, 당신의 월급이 많지 않아도 자산은 눈덩이처럼 불어난다.

　20년 동안 매달 100만 원씩 저축할 수 있다면, 그 돈을 단순히 예금에 묻지 말고 레버리지와 복리의 조합으로 굴려라. 그러면 20년 뒤 5억 2천만 원의 자산을 현실적으로 만들 수 있다.

　그것은 '노력의 결과'가 아니라 '구조의 결과'다.

　당신이 부를 축적하기 위해 노력은 반드시 필요하지

만, 돈의 구조를 만들지 않고는 불가능하다.

노력하면 부자가 된다? 틀렸다. 돈의 구조 없이는 불가능하다.

| 부자는 원금을 갚지 않는다

결국 부자와 서민의 차이는 '대출을 바라보는 관점'이다. 서민은 대출을 갚으려 하고, 부자는 대출을 활용하려 한다.

부자들은 원금을 빨리 갚지 않는다. 그들은 돈의 흐름을 통제하며, 단리로 갚고 복리로 번다.

레이 달리오가 말했다.

"레버리지는 돈이 아니라 이해력의 문제다."

이해한 사람만이 돈의 흐름을 자기 쪽으로 기울게 만

든다.

그리고 그 첫걸음은,

"원금을 갚지 않는 대출이 가장 좋은 대출이다"라는 사실을 받아들이는 것이다.

| 무조건 고정 금리

대출이자는 고정되어야 한다. 당신의 수익이 고정되어 있듯, 지출도 고정되어야 한다. 대출 이자 상환금이 지출의 대부분을 차지한다면 더욱 그렇다.

많은 사람들이 고정 금리보다 낮은 이자 때문에 변동 금리를 선호한다. 3개월마다 바뀌는 기준 금리에 조마조마해야 한다. 특히, 금리가 올라가는 시기에는 대출 이자가 당신의 생활비를 축낼 수 있다.

중요한 것은 당신의 소득과 지출을 계획할 수 있을 만큼 고정시키는 것이다. 소득과 지출을 고정하는 것은 금리 1% 차이보다 훨씬 값지다. 소득과 지출이 고정되지 않으면 당신과 가족의 생존 자체를 위협한다.

일정 시간이 지나 금리가 낮아지면 대출 상품을 해지하고 다시 가입하면 된다. 중도상환수수료를 내긴하지만 원금기준으로 0.6% 가량 내면 된다. 고정금리로 대출을 이용하다가 금리가 0.5% 이상 떨어지면 기존보다 낮은 금리로 다시 고정금리로 대출 받으면 된다.

이렇게 조금씩 낮추다보면 금리가 올라갔을 때 당신의 생활을 위태롭게 하지 않을 수 있다.

레버리지는 언제든 당신과 가족을 위태롭게 할 수 있다. 레버리지는 항상 당신의 통제하에 있어야 한다. 소득과 지출을 고정시키고, 대출 이자를 고정시키면 당신 통제하에 레버리지는 자기 역할을 다한다.

고정 금리가 없는 상품도 있다. 이런 경우 최근 10년간 가장 높은 이자율이 얼마였는지 금융사를 통해 확인한다. 금리가 가장 높았을 때를 대비하여 지출 계획을 짜면 위태롭지 않을 수 있다.

원금을 절대 없애지 말라

| 허상 - 목적에 맞게 종자돈 모으기

대부분의 금융기관은 돈을 모을 때 명확한 목표를 세우라고 조언한다. 그리고 목표한 금액이 모이면, 그 돈을 '목적에 맞게 사용하라'고 말한다.

표면적으로는 합리적인 접근처럼 보이지만, 이 방식은 자본주의의 본질과 정반대다.

돈의 본래 기능은 '사용'이 아니라 '축적과 순환'에 있다. 원금을 일정 수준 이상 쌓은 뒤 이를 소비로 전환하는 순간, 돈의 성장 고리는 끊어진다.

그 이후부터 자산은 더 이상 나를 위해 일하지 않는다.

많은 사람들이 이 과정을 "재테크의 완성"으로 착각하지만, 실제로는 자본의 흐름을 멈추는 행위에 가깝다.

돈이 멈추면 복리는 사라진다. 복리는 일정한 금액을 유지하면서 시간이 만들어내는 누적 효과이기 때문이다.

당신이 결혼자금으로 돈을 모으고 있다면 그 돈을 절대 없애버리지 말라. 애써 시작한 복리가 끊어져 버린다.

내 친한 친구 중에 한명은 결혼 자금 3천만 원으로 골드바를 샀다. 결혼식에는 아주 작은 돈만 소비했다. 그 친구는 골드바를 1돈에 4만 원일 때 샀다. 2025년 기준 금값은 1돈에 70만 원으로 17배나 올랐다.

목적에 맞게 돈을 모으고 써버리라는 조언을 듣지 말라. 모으고, 복리로 굴리고, 레버리지를 이용해야 돈은 자기 역할에 충실한다.

| 복리로 움직이는 세상

현대 경제에서 거래되는 거의 모든 재화와 서비스의 가격은 복리로 상승한다.

우리가 일상적으로 접하는 물가 상승률(inflation rate) 역시 전년도 대비 백분율 변화를 측정한 수치이지만, 그 누적 효과는 결국 복리로 작동한다.

경제학에서 물가가 하락하는 현상을 '디플레이션'이라 부른다. 디플레이션은 소비와 투자를 위축시키기 때문에, 대부분의 정부는 이를 경제 위축의 신호로 간주한다.

따라서 통화정책과 재정정책을 통해 일정 수준의 물가 상승률을 유지하려고 노력한다. 이는 곧 '물가의 완만한 상승'이 자본주의의 기본 구조임을 의미한다.

예를 들어보자.

1990년대 초반 짜장면 한 그릇의 가격은 1,500원 수준이었다. 30여 년이 지난 지금은 7,000원을 넘는다.

같은 기간 버스 요금은 100원에서 1,500원 이상으로 상승했다.

이처럼 장기적으로 볼 때 가격은 매년 2~3% 수준으로 상승해왔으며, 이 상승이 누적되면서 복리 효과가 발생한 것이다.

한 해의 변화는 미비해 보이지만, 20 ~ 30년의 시간이 지나면 그 차이는 눈에 띄게 커진다. 갑자기 물가가 오른 것처럼 생각되고, 뉴스도 그렇게 말할테지만 물가는 당신이 느끼지 못하게 천천히 복리로 상승해왔다.

| 돈은 금액이 아니라 '비율'로 작동한다

경제의 세계에서 중요한 것은 절대 금액이 아니라 비율(percent) 이다.

1,000원의 10%는 100원이고, 1억 원의 10%는 1,000만 원이다. 같은 10% 상승이라도 결과의 체감 차이는 엄청나다. 이는 가격 상승이 금액 단위가 아니라 비율 단위로 진행되기 때문이다. 라면값이 100원 오를 때, 아파트 가격이 똑같이 100원 오르지 않는 이유가 여기에 있다.

가격은 '시장 규모'와 '유동성의 집중도'에 따라 백분율로 움직인다. 쉽게 말해 세상에 뿌려진 돈이 규모에 따라 균등하게 배분되기에 '가격'은 퍼센트(비율)로 오른다. 즉, 자본이 몰리는 시장일수록 상승폭이 크며, 시장 자체가 작으면 상승률이 작게 나타난다.

결국 자본주의의 모든 시장은 "돈의 양적 증가율(통화량 증가)"에 비례하여 움직인다.

따라서 돈의 흐름이 멈추지 않는 한, 자산 가격은 비율로 상승한다. 단적으로 라면이 10% 오르면, 아파트도 10% 오르는 것이 정상이다. 라면이 100원 올랐는데, 아파트는 1억이 오르는 사실에 경악하고 있다면, 이번 챕터를 다시 읽어라.

｜ 돈은 사라지지 않는다

경제의 또 다른 특징은 화폐의 불멸성이다. 한 번 발행된 돈은 완전히 사라지지 않는다. 화폐는 개인 간 거래, 금융기관의 대차, 그리고 정부의 회계 시스템을 통해 지속적으로 순환한다.

A가 B에게 돈을 지불하면, 그 돈은 B의 계좌에 예치되고, B는 다시 다른 거래를 통해 그 돈을 소비하거나 투자한다. 이 과정에서 돈은 끊임없이 이동하며 경제 시스템 안에서 새로운 거래를 만든다.

이 순환이 멈추려면 모든 경제 주체가 동시에 거래를 포기해야 한다. 현실적으로 불가능하다. 따라서 시중에 존재하는 총 화폐량은 시간이 지남에 따라 누적된다.

이 때문에 세상에 존재하는 자산 가격은 거의 모든 경우에 복리로 상승한다.

원금에 이자를 쌓아 더 많은 이자를 주는 복리 이자처럼, 세상에 뿌려진 돈도 사라지지 않고 계속 쌓이기 때문에 세상의 모든 돈도 복리로 늘어난다. 즉, 모든 물건과 자산은 복리로 가격이 오르게 된다.

아인슈타인은 복리가 왜 발생하는지 세계 불가사의 중 하나라고 했다. 그는 물리학만 공부하다보니 이렇게 돈이 사라지지 않고 쌓인다는 사실을 몰랐을 것이다.

자본시장에서 복리가 생기는 이유는 단 하나다. 세상의 돈이 사라지지 않고 계속 쌓이기 때문이다.

당신이 주식 투자로 상당한 돈을 잃은 경우 '돈이 사라졌다.'라고 표현 할 테지만, 그 돈은 누군가에게로 이동한 것일 뿐이다. 당신에게 주식을 판사람과 당신의 주식을 헐값에 사들인 사람에게로 돈이 이동한 것이다.

돈은 사라지지 않는다. 이것을 명심해야 한다. 그래야 복리의 존재를 잊지 않는다.

| 복리는 단리를 이긴다. 원금을 써버리지 말라.

복리의 핵심은 단리와의 차이에 있다. 단리는 일정 금액에 대한 이자를 고정된 속도로 지급하지만, 복리는 이자 위에 이자가 붙는 구조다.

시간이 길어질수록 성장 속도는 기하급수적으로 커진다.

예를 들어, 1억 원을 연 3% 복리로 예치하면 20년 후 약 4,000만 원의 이자가 발생한다.

이 돈을 담보로 9,000만 원을 연 4% 이율로 대출받는다고 하자. 표면상으로는 대출이자가 예금이자보다 1% 높아 보이지만, 20년 후에는 양쪽의 누적 이자가 비슷하게 상쇄된다.

결국 원금 1억 원은 그대로 유지되며, 시간이 지나도 자산의 기반은 훼손되지 않는다.

반대로, 목돈이 필요하다는 이유로 예금을 깨서 1,000만 원만 남긴다면 상황은 완전히 달라진다.

1,000만 원이 20년 동안 3% 복리로 불어나도 총 금액은 1,300만 원에 불과하다.

작은 이자라도 복리로 불어나는 원금을 절대로 써버리지 말라. 원금은 복리로 불어나게 하고 그것을 담보로 대출을 받아라.

자동차를 구매한다면 최대한 할부로 사용하고, 집을 구매한다면 최대한 장기 대출로 구매하자. 단, 당신의 원금은 우상향 하는 자산에 투자되어 있어야 한다.

| 군인공제회의 경제학

군인이라면 군인공제회는 매우 효율적인 금융 구조를 제공한다. 저축 이자율과 대출 이자율이 거의 동일하게 설정되어 있어, 실질적인 손익 차이가 거의 없다.

즉, 저축과 대출이 같은 체계 안에서 순환하기 때문에 '원금을 지키면서 자금을 운용할 수 있는' 독특한 시스템이다.

군인공제회를 단순한 예금 창구로 생각하지 말고, 시간을 이용하는 복리 장치로 이해해야 한다. 원금을 유지한 채, 이자 수익과 대출 자금을 동시에 활용하는 구조는 가장 이상적인 형태의 자본 레버리지라 할 수 있다.

나는 현역시절 군인공제회의 수익률이 주식시장의 평균 수익률보다 못하다는 이유로 못마땅히 여겼다. 전역 몇 년 남지 않은 시점에서 모두 해지를 했다.

나를 보며 많은 사람들이 군인공제회 저축을 해지할지 묻는다. 레버리지 개념을 이해한 사람에게는 해지하지 말고 대출 받으라고 한다. 레버리지를 이해하지 못했다면 해지하라고 한다.

군인공제회 회원 저축은 당신이 20년을 근무하면 중간에 만기 또는 이자세 납부 없이 복리효과를 누릴 수 있다. 저축 상품 중에 이런 상품은 없다. 또한 만기에 받은 이자는 일반 이자소득세의 1/3 수준이고, 건강보험료 산정에도 포함되지 않는다. 군인공제회 회원되직급여 저축은 개인연금저축으로 분류되기 때문이다.

당신이 5년이상 복무기간이 남았다면, 군인공제회를 해지하지 말고 원금을 유지한 채로 대출을 받아 자산에 투자하라. 대출 이자는 단리로 갚으면서 더많은 자본을 복리로 굴릴 수 있고, 당신의 원금도 복리로 늘어난다. 그에 대한 이익은 모두 당신 것이다.

| 복리는 '원금 유지의 경제학'이다

복리는 단순한 금융 테크닉이 아니다. 그것은 자본주의의 시간 구조다. 돈이 일정 기간 동안 유지되고 순환할 때, 그 위에서 복리의 힘이 발현된다. 따라서 목돈이 필요하더라도 원금을 함부로 줄이거나 없애서는 안 된다.

원금은 복리가 자라나는 토양이며, 그 토양이 사라지는 순간 자산 증식의 메커니즘도 함께 사라진다.

경제학자 워런 버핏은 이렇게 말했다.

"복리는 인류가 만든 가장 위대한 발명이다. 하지만 그 힘을 경험하려면, 시간이 필요하다."

결국 복리의 본질은 시간을 견디는 힘이다. 이 단순한 진리를 이해하는 순간, 당신은 돈의 흐름을 지배할 수 있다.

그리고 그 첫 번째 원칙은 변하지 않는다.

원금을 절대 없애지 말라. 그것이 자본주의에서 당신이 지켜야 할 유일한 방패다.

자본 레버리지가 폭발적으로
작동하는 구조

| 레버리지의 최정점은 부동산이다.

 부동산은 인간의 삶 그 자체와 맞닿아 있다. 주식은 오직 돈을 벌기 위해 존재하지만, 부동산은 삶을 유지하기 위한 토대다.

 의식주 중 '주'는 인간이 존재하는 한 사라질 수 없는 수요이며, 이 단순한 사실이 부동산을 역사상 가장 오래된 자산으로 만든다.

부동산이 가진 힘은 두 가지다. 희소성과 사용가치.

이 두 속성을 동시에 갖춘 자산은 역사상 거의 존재하지 않았다. 금은 희소하지만, 사용할 수 없다. 주식은 유동적이지만, 직접 쓸 수 없다.

오직 부동산만이 한정된 공급 속에서 인간의 생활을 담아내는 '살아있는 자산'이다. 서울 강남의 땅값이 수십 년간 오르는 이유는 단순한 투기 때문이 아니다.

그 공간에는 인간의 욕망이 모인다.

좋은 학교, 안전한 환경, 편리한 교통, 문화적 인프라. 이 모든 요소가 결합해 "이곳에 살고 싶다"는 욕망을 만들어낸다.

바로 그것이 사용적 가치다.

그리고 그 욕망은 결코 평등하게 분배되지 않는다. 모두가 같은 지역에 살고 싶어 하지만, 땅은 한정되어 있다.

이때 희소성이 작동한다.

공급은 한정되어 있고, 수요는 계속 늘어나는 부동산의 가격은 필연적으로 오른다.

결국 부동산은 "쓰고 싶어 하는 사람들의 욕망"과 "그 욕망을 담을 수 있는 한정된 공간"이 만나는 곳에서 자산으로서의 힘을 발휘한다.

이 두가지 속성 때문에 부동산 투자는 가장 강력한 레버리지가 가능하다. 부동산 투자의 진짜 매력은 '레버리지'에 있다.

부동산은 자본의 지렛대가 가장 크게 작동하는 영역이다.

당신이 1억 원으로 10억 원의 집을 살 수 있는 것은, 부동산이 가진 사용적 가치에 돈을 기꺼이 지불하는 사람과 자산적 가치에 돈을 빌려주는 은행 덕분이다.

은행은 주택의 미래 가치를 담보로 돈을 빌려준다. 그리고 당신은 그 돈으로 주택을 소유한 뒤, 즉시 타인에게 사용가치를 제공한다. 즉, 세입자가 당신의 대출을 대신 상환하는 구조가 만들어진다.

이것이 바로 부동산의 마법이다. 당신의 돈은 거의 들지 않는다. 하지만 주택의 소유권은 당신에게 있다.

부채를 안고 있음에도 타인이 이자를 대신 내주며, 그 주택의 가격이 오를 때 그 이익은 온전히 당신의 몫이 된다.

이 원리를 이해한 사람들은 빚을 두려워하지 않는다. 그들은 빚을 일꾼으로 사용한다.

로버트 기요사키가 말했듯,

"당신이 갚는 부채는 나쁜 부채지만, 타인이 갚아주는 부채는 자산이다."

한국의 부자들도 이 원리를 정확히 이해했다.

2000년대 초 강남 대치동의 학원가 건물주들은 대부분 임차인의 월세로 대출을 상환했다.

그들은 본인의 자본을 거의 들이지 않고, 건물을 확보한 뒤, 20년 동안 '타인이 갚아준 대출' 덕분에 지금의 수백억 자산가가 되었다.

부동산은 이렇게 자본주의의 본질을 드러낸다.

당신이 일하지 않아도, 자본이 일하게 만드는 구조.

그것이 바로 부동산의 레버리지다.

| 부동산으로 돈을 버는 네 가지 전략

1. 전세보증금을 활용한 매수 – '갭투자'의 논리

전세보증금을 포함한 매수 방식은, 자본을 극대화하는 가장 단순한 구조다.

당신의 월급도, 신용도 필요 없다. 오직 자본의 이동만으로 자산을 확보할 수 있다. 이 방식이 바로 '전세 갭투자'다.

때론 정부의 규제로 갭투자는 부정적으로 인식되지만, 본질적으로는 '타인의 보증금으로 자산을 확보하는 시스템'이다. 그저 자본주의 시장원리가 작동하여 자산적 가치와 사용적 가치가 결합한 거래 형태일 뿐이다.

즉, 전세 세입자가 당신의 자산 형성에 동참하는 것이다.

2000년대 초 서울 목동과 상계동의 다세대주택 투자자들은 이 방식을 통해 수십 채의 부동산을 확보했다. 그들이 직접 일한 것은 아니다. 보증금이라는 타인의 자본이 레버리지가 되어준 것이다.

당신이 부동산 투자에 관심이 많다면 유명한 채널을 알고 있을 것이다. '월급쟁이부자들' 또는 '부동산 읽어주는 남자'채널의 대표 역시 전세 갭투자 방식으로 부자가 된 유명한 인물들이다.

2. 대출을 통한 월세형 보유 – 현금흐름 만드는 구조

대출을 통한 월세형 보유는, 자본이 아니라 신용을 레버리지하는 방식이다.

이 구조의 핵심은 '이자보다 높은 임대수익'을 만드는 것이다. 즉, 돈을 빌려 투자했지만, 그 빚을 갚는 것은 세입자의 월세다. 당신이 월급을 받고 있다면 굳이 이자보다 월세가 높지 않아도 좋다. 은행에 적금하는 돈의 일부로 충당하는 것만으로 충분하다. 은행에 적금하는 대신, 당신의 부동산에 적금하는 것과 마찬가지이기 때문이다.

나는 〈군인은 어떻게 부자가 될 수 있을까〉에서 대출과 월세를 결합한 방식으로 아파트를 보유한 지인들의 이야기를 자세히 소개했다.

또 다른 형태로는 2020년대 초 용산·성수 지역의 리모델링형 원룸 건물 투자자들을 예로 들 수 있다. 그들은 대출로 건물을 매입하고, 세입자의 월세로 이자를 갚는다. 남는 현금흐름은 또 다른 투자의 종잣돈이 된다.

이렇게 만들어진 구조가 바로 복리의 자산 시스템이다.

3. 경매를 통한 저가 매입 – 싸게 사서 크게 벌기

경매는 단 하나의 원칙이 있다.

"싸게 사라."

가격이 싸다는 것은 이미 수익을 확정했다는 의미와 같다. 경매 시장에서 한 번의 낙찰로 억대의 수익을 기대하기는 어렵지만, 꾸준히 반복하면 '복리의 자산 성장'이 가능하다.

몇천만 원의 차익이라도, 매년 3~4건을 반복하면 결국 그것이 부의 시스템으로 작동한다.

이 과정에서 부동산 매매사업자를 등록하거나 더 나아가 법인을 설립하면 세율은 더욱 낮아진다. 개인은 양도소득세 50% 이상을 내지만, 법인은 9~15%의 세율로 법인세를 낸다. 절세는 곧 레버리지의 또 다른 형태. 경매로 부동산 매매를 반복하는 경우에는 절세를 반드시 고려해야한다.

4. 사업용 건물 매입 - 임차인에서 건물주로

사업을 운영하고 있다면, 반드시 건물을 소유하라. 당신의 사업이 매출 3억 원 이상이라면, 은행은 그 매출을 담보로 건물 대출을 승인해준다.

10억 원짜리 건물을 8억 원 대출로 사면, 당신에게 실제 필요한 자본금은 2억 원이다.

대신 매달 382만 원을 상환해야 한다.

하지만 2층과 3층, 4층을 임대해 월 600만~800만 원의 임대수익을 얻는다면 당신은 이미 순이익을 내는 건물주가 된다.

당신이 사업으로 돈을 버는 것보다 건물이 더 많은 돈을 벌어준다. 또 사업을 함에 있어 임대료로부터 자유로워진다. 임대 비용이 절감되면 더 많은 서비스를 고객에게 제공할 수 있고, 사업이 더 커지는 발판을 마련하게 된다.

강남, 판교, 송도 등지의 중소기업 대표들이 이 방식을 통해 '사업가에서 부동산 부자'로 이동했다.

이들은 매출로 건물을 사고, 건물에서 현금을 벌며, 그 현금으로 새로운 사업을 만든다.

즉, 자본이 순환하는 구조를 만든 것이다.

이 네 가지 전략의 본질은 단 하나다.

타인의 자본과 시간을 당신의 시스템 안으로 끌어들

이는 것.

    부동산은 그 시스템을 가장 현실적으로 실현시킬 수 있는 자산이다.

보험 레버리지하기

| 보험은 단순한 보호 장치가 아니다

대부분 사람들은 보험을 '혹시 모를 위험에 대비하는 안전망' 정도로만 생각한다.

그러나 부자가 보는 관점은 다르다. 부자에게 보험은 자산을 레버리지하는 도구다. 또는 자신이 사망했을 경우 사망보험금이 배우자나 자녀에게 상속세 없이 부를 이전하는 루트로 사용하기도 한다.

여기서는 레버리지의 관점으로 설명하겠다. 보험 영업원들이 강조하는 질병이나 사고는 실제 발생 확률이 낮다.

월급쟁이에게 큰 질병이나 사고가 발생한다고 해도, 그것이 생활을 완전히 망가뜨릴 정도는 거의 없다.

그럼에도 보험을 가입하면 잠재적 자산이 만들어진다.

보험은 단순한 '위험 대비 장치'가 아니라, 현금흐름과 투자 기회를 창출하는 구조적 도구로 활용할 수 있다.

| 보험 약관대출

보험 가입자가 가장 주목해야 할 점은 바로 약관대출이다. 보험 약관대출은 일반 대출과 달리 원금 상환이 필요 없고, 이자만 납부하면 계속 연장할 수 있다.

즉, 보험을 해지하지 않는 한 대출은 사실상 영원히 유지된다.

내가 보험을 바라보는 방식은 단순하다.

"보험은 나를 보호하는 동시에, 나를 위해 일하게 만든다."

보험 대출로 주식이나 부동산에 투자하면, 투자 수익은 보험 대출 이자보다 높을 가능성이 크다. 즉, 보험이라는 안전망을 담보로 돈이 스스로 일하도록 만드는 구조가 만들어진다.

가령, 당신이 월 30만 원씩 보험료를 내는 종신보험에 가입했다고 가정해보자.

가입 후 10년간 납입한 보험료로 약 3,600만 원의 보험적립금이 형성되었다고 하자.

이 시점에서 보험 약관대출을 통해 적립금의 90%, 즉 3,240만 원을 대출 받는다. 대출 이율은 연 4%이고, 이자는 매월 10만 8천 원 정도만 납부하면 된다.

이 돈을 연 7% 복리 수익이 예상되는 주식형 펀드나

상가 소액 임대 투자에 투입한다고 가정하자. 20년 동안 이 자금이 연 7% 수익을 내면, 원금 3,240만 원은 약 1억 3천만 원으로 불어난다.

이때 당신이 지불한 보험 대출 이자는 단리 기준으로 20년간 약 864만 원이다.

즉, 순수 투자 수익은 1억 3천만 원 – 864만 원 = 1억 2,136만 원이 된다.

이 계산은 당신의 실제 현금 투입이 거의 없거나 최소 수준임을 보여준다.

보험 대출을 받음으로써, 당신의 자본 구조가 타인의 돈(대출)과 자신의 보험 적립금으로 움직이고 있는 것이다.

| 보험 레버리지의 핵심 원칙

1. **보험을 해지하지 않는다.** 약관대출은 보험이 유지되는 동안만 가능하다. 해지하면 구조가 깨진다.

2. **대출은 반드시 투자에 사용한다.** 단순 소비에 사용하면 구조가 붕괴된다.

3. **이자만 납부하며 구조를 유지한다.** 대출 이자는 단리로 계산되므로, 투자 수익이 복리로 증가하면 자산은 폭발적으로 늘어난다.

| 부자가 되기 위한 사고 전환

대부분 사람은 보험을 '보호' 관점에서만 본다. 하지만 부자는 보험을 레버리지 관점에서 본다. 보험은 원금 상환

부담 없이 자금을 활용할 수 있는 유일한 금융상품 중 하나다.

월급만으로는 만들기 어려운 자산 흐름을 보험이 가능하게 한다. 보험으로 레버리지를 활용하면, 당신의 자본 구조가 한층 강력해진다. 보험이 당신을 지켜주는 동시에, 당신을 위해 일하게 만드는 힘을 발휘한다.

결국 중요한 것은 단순히 보험에 가입하는 것이 아니라, 보험을 레버리지 관점에서 이해하고 실제 구조를 설계하는 것이다.

이 사고 전환이 이루어질 때, 월급쟁이도 자본주의 사회에서 부자로 살아갈 수 있는 토대가 만들어진다.

레버리지 ETF,
제대로 이해하면 기회가 된다

| 제대로 모르면, 기회도 못 본다.

주식 시장에서 레버리지 투자는 많은 사람에게 두려움의 대상이다. 하루 수익률이 2배, 심지어 3배로 움직이는 ETF는 단기간의 변동성이 커서 금융 전문가조차 단타를 권장하기 일쑤다. 하지만 당신이 지금까지 읽은 내용을 이해했다면, 단기 변동성에 흔들리지 않고 장기적 관점에서 접근할 수 있다.

레버리지 ETF의 핵심은 복리와 시간 레버리지에 있다. 내가 당신에게 권하고 싶은 종목은 UPRO, TQQQ, BITU 이다.

UPRO는 S&P 500의 일일 수익률을 3배로 추종한다.

TQQQ는 나스닥 100의 일일 수익률 3배를 따른다.

BITU는 비트코인의 일일 수익률 2배를 추종한다.

이들 상품은 이름 그대로 수익률을 극대화하도록 설계되었다. 지수가 하루 1% 상승하면, UPRO는 3% 상승한다. 반대로 지수가 1% 하락하면 3% 손실이 발생한다.

단기적으로는 겁나는 수치지만, 장기적으로는 지수의 우상향 구조와 복리 효과를 통해 강력한 수익을 만들어낼 수 있다.

중요한 것은 어떤 지수를 추종하는가이다. 종합주가지수와 비트코인은 결국 상승한다. 수익률을 몇배를 추종하던 변동성 속에서 청산되지만 않으면 된다. ETF는 절대 청산되지 않는다.

예를 들어, 매월 100만 원씩 20년간 S&P 500 수준의 수익률(연 7%)로 적립식 투자를 했다고 가정해보자. 20년 후, 총 투자금 2억 4천만 원이 약 5억 1천만 원으로 불어난다.

그러나 만약 동일한 금액을 3배 레버리지 ETF(연 21% 가정)에 투자하면, 같은 기간 동안 2억 4천만 원은 무려 28억 8천만 원으로 증가한다.

단순히 원금 대비 약 12배 수준이다.

레버리지를 활용하면 작은 자본으로도 장기적으로 엄청난 복리 효과를 누릴 수 있다는 사실을 보여준다.

흥미로운 점은 역사적 사건에서도 확인된다. 만약 당신이 2000년 닷컴 버블 시점에 레버리지 투자를 시작했다면 어떻게 되었을까? 소위 완전 상투잡아 물렸다면 어떻게 될까?

초반 10년간 시장이 연평균 -3% 하락했다고 가정하고, 3배 레버리지로 투자하면 연평균 -9% 손실이 발생한다.

이후 10년간 시장이 회복하며 연 7% 상승하면, 레버리지 3배 적용 시 연평균 21% 수익률을 얻는다.

이 시나리오에서 20년간 매월 100만 원씩 투자했다면, 20년 후 예상 자산은 약 8억 8천만 원에 달한다. 초기 폭락이 있었음에도 장기 복리와 시장 회복력 덕분에 원금 대비 3배 이상 불어난 것이다.

결국, 레버리지 ETF의 장기 투자는 심리적 안정과 전략적 판단이 핵심이다. 폭락 시에도 흔들리지 않고, 장기적으로 시장 회복을 믿으며 꾸준히 투자한다면, 일반 ETF 대비 훨씬 큰 수익을 거둘 수 있다.

레버리지는 투자시장에서 생존하는 것이 최우선이다. 즉, 모든 자산을 강제 처분 당하지 않는 것이다. 종합주가지수와 비트코인을 추종하는 레버리지 ETF는 청산되지 않는다. 주식 투자에서 안정적이 고수익 상품이다.

또한 안정적 월급이나 현금흐름을 담보로 삼아 투자한다면, 단기 변동성에 휘둘리지 않으면서 시간과 자본 레버리지를 극대화할 수 있다.

핵심은 단순하다. 안정적인 자금을 기반으로 장기 투자하며, 폭락 시에는 이를 기회로 삼아 추가 투자를 실행하고, 단기 변동성에 흔들리지 않는 것이다. 레버리지 ETF는 그 원리를 완벽히 활용할 수 있는 장기 투자 도구다.

| 장기적 관점에서 레버리지의 힘

레버리지 ETF는 단기 변동성이 크지만, 장기적으로는 지수의 상승 구조를 따라간다.

예를 들어, S&P 500 지수는 지난 50년간 연평균 약 10% 상승했다. 복리 효과를 고려하면, 단기 3배 변동에도 장기적으로는 지수 상승을 극대화할 수 있다.

실제로 UPRO에 연 3배 레버리지를 적용해 지난 20년간 장기 보유했다면, 단기 폭락에도 불구하고 수익은 일반

ETF보다 훨씬 컸다.

TQQQ도 마찬가지다. 나스닥 100의 성장 기업들은 장기적으로 꾸준히 우상향했으며, 단기 변동성은 크지만 10년 이상 장기 투자는 복리로 수익을 극대화할 수 있다.

BITU는 변동성이 극심하지만, 비트코인의 장기 회복력을 믿는다면 장기적 관점에서 레버리지 투자 역시 의미가 있다.

당신이 내 말을 듣고 레버리지 ETF에 투자하기 시작한다면 반드시 -50%는 경험한다. 그런 경우에도 종합주가지수와 비트코인의 회복력을 믿는다면 월급을 받아 더 싸게 더 많이 모아라. 그 과정은 사람을 미치게 만들 정도로 지루하다. 정신병 걸릴 것 같은 환경에 당신을 빠트린다. 그러나 그 모든 것을 이성적으로 이겨내었을 때 반드시 부를 이루게 되어있다. 나도 그렇게 부를 이루게 되었다.

투자 전 반드시 체크할 사항

이제 중요한 질문을 스스로에게 던져야 한다.

"만약 리치비가 추천한 레버리지 ETF 종목이 90% 폭락했을 때, 나는 더 투자할 수 있는가?"

이 질문에는 몇 가지 전제가 내포되어 있다.

1. 당신은 10년 이상 안정된 월급을 받을 수 있다.

2. 당신은 시장과 지수, 그리고 비트코인의 장기 회복력을 믿는다.

3. 단기 변동성에 휘둘리지 않고, 장기 투자 전략을 유지할 수 있다. 오히려 저렴하게 투자할 기회를 감사하게 생각할 수 있다.

이 세 가지 조건을 확신한다면, 레버리지 ETF는 강력한 장기 투자 수단이 된다. 훗날 당신이 돈을 잃었다면, 위 3가지 질문에 어느하나도 자신있게 대답할 수 없을 것이다.

| 투자 방법과 전략

투자 방식은 크게 두 가지가 있다.

적립식 투자 – 매달 일정 금액을 꾸준히 UPRO, TQQQ, BITU에 투자한다. 단기 변동성은 무시하고, 장기 복리 수익을 극대화하는 방법이다.

목돈 재투자 전략 – 일정 금액을 모은 뒤, 시장이 폭락했을 때 목돈을 투입한다. 폭락 시점에 투자하면, 복리 구조를 활용해 장기 수익률을 극대화할 수 있다.

부자들은 이 두 가지 전략을 상황에 맞게 혼합하여 활용한다.

예를 들어, 워렌 버핏과 같은 장기 투자자들은 폭락 시기를 '기회'로 보고, 목돈을 과감히 시장에 투입한다.

한국에서도 최근 주식과 비트코인이 급락했을 때, 일부 개인 투자자와 기관들이 장기 관점에서 저렴하게 자산을 매입하는 투자로 큰 수익을 올렸다.

| 장기 투자 관점에서의 결론

레버리지 ETF는 단기 변동성 때문에 두려움의 대상이 될 수 있다. 하지만 복리 효과, 지수의 장기 성장, 그리고 시간 레버리지를 이해하는 투자자에게는 강력한 도구다.

핵심은 단순하다.

안정적 월급이나 현금흐름을 담보로 장기 투자한다.

단기 변동성에 흔들리지 않는다.

폭락은 기회로 보고, 복리 구조를 활용한다.

결국 레버리지 ETF 투자는 마음가짐과 전략이 맞아야 성공한다.

당신이 이 원칙을 이해하고 실행할 수 있다면, 장기적으로 일반 ETF보다 훨씬 높은 수익을 누릴 수 있다.

부자의 사고방식

| 사고방식이 부를 만든다

부자가 되기 위해 가장 먼저 갖춰야 하는 것은 마인드셋이다. 돈을 보는 시각, 위험을 평가하는 기준, 자산을 운용하는 태도가 결국 재산의 규모를 결정한다.

부자는 돈을 소유의 대상으로만 바라보지 않는다. 돈은 도구다. 그것으로 자산을 만들고, 현금흐름을 만들고, 시간을 벌 수 있다. 반면 대부분의 사람은 돈을 소비하거나 단기적 만족을 위해 사용한다.

이 차이가 결국 부와 평범함을 가르는 결정적 요소가 된다.

워런 버핏은 한 인터뷰에서 이렇게 말했다.

"돈을 버는 방법보다 중요한 것은, 돈을 어떻게 생각하고 어떻게 관리할지 아는 것이다."

| 자산과 부채를 보는 관점

부자는 부채와 자산을 구분하는 사고를 철저히 한다. 단순히 빚을 지는 것이 아니라, 레버리지 가능한 부채를 활용해 자산을 늘린다. 주택담보대출, 보험 약관대출, 기업 대출 등, 원금 상환 부담이 최소화된 구조를 이용한다.

반대로 부채를 단순 소비에 사용하는 사람은 결국 금융적 압박 속에서 자유로울 수 없다. 대한민국의 부동산 부자들을 보면 이 원칙이 명확하게 드러난다.

예를 들어, 서울 강남의 한 상가 투자자 A씨는 초기 자본금 없이 보험 약관대출과 주택담보대출을 활용해 상가를 매입했다.

그는 자신의 돈을 최소화하면서, 타인이 내는 임대료로 대출 이자를 상환하며 자산을 불려 나갔다.

그 결과, 20년이 지나 건물 가격 상승과 임대 수익으로 초기 자본 없이도 수십억 원의 자산을 만들어냈다.

| 시간을 이용하는 사고

부자는 시간을 돈과 똑같이 가치 있게 본다. 단순히 '조금이라도 빨리 돈을 버는 것'보다, 시간을 활용해 자본이 스스로 일하도록 만드는 것을 우선시한다.

월급쟁이도 마찬가지다. 월급이라는 안정적 현금흐름을 담보로 투자 기회를 만들고, 장기적 관점에서 복리 효과를 누린다. 주식, 부동산, 보험 등 모든 자산에서 가장 중요한 것은 시간을 통한 자산 성장이다.

부자의 사고방식은 이렇게 정리할 수 있다.

1. 돈은 도구다. 소유가 목적이 아니다.

2. 부채는 레버리지 수단으로 활용한다.

3. 시간은 자산을 불리는 가장 강력한 자원이다.

4. 자산과 부채를 철저히 구분한다.

워렌 버핏, 로버트 기요사키 등 글로벌 부자들의 공통점은, 바로 이 사고방식을 평생 실천해왔다는 점이다.

| 행동으로 이어지는 사고

부자가 되는 사고방식은 단순히 생각만으로 끝나지 않는다. 즉시 행동으로 이어져야 한다.

안정적 월급을 담보로 한 장기 투자,

보험 약관대출을 활용한 추가 자본 확보,

부동산 담보를 이용한 레버리지 투자,

사업 확장을 위한 건물 매입,

이 모든 행동은 사고방식에서 출발한다.

부자는 돈을 쌓는 것이 아니라, 돈이 스스로 불어나도록 환경을 설계한다. 부자의 사고방식은 단순히 '많은 돈을 모으겠다'는 목표와는 다르다.

그들은 돈을 통제 가능한 도구로 이해하며, 자산과 부채, 시간, 레버리지를 통합적으로 운용하는 방식으로 부를 만들어간다.

당신이 부자가 되고 싶다면, 첫 번째 단계는 돈과 자

산, 시간과 부채를 바라보는 관점을 바꾸는 것이다. 사고방식이 변해야 행동이 변하고, 행동이 변해야 자산이 변한다.

즉, 부자는 사고부터 다르다.

달콤한 유혹에 대한 경고

| 폰지 사기- 돈 넣고 돈 먹기

누구나 빨리 돈을 벌고 싶다. 그러다 보면 달콤한 유혹에 빠지기 쉽다. 많은 사람들이 폰지사기에 당한다.

폰지는 쉽게 말해 당신이 맡긴 돈으로 이자를 주는 척하면서, 실제 당신의 원금은 다른 곳으로 빼돌리는 것이다.

만약 내가 폰지 사기꾼이라고 하면 당신에게 1억 원을

투자하면 매달 100만 원씩 당신에게 수익금을 주겠고 말할 것이다. 당신은 월 100만 원이면 연 12%의 수익이다. 은행 이자보다 3~4배 더 많은 돈이다.

폰지 사기꾼인 나는 당신이 맡긴 1억 원을 가지고 1년 동안 1,200만 원을 돌려준다. 그리고 남은 8,800만 원은 내 주머니에 넣고 조용히 사라진다. 내가 조용히 사라질 때까지 당신은 놀라운 수익률을 보며 좋아한다. 어느 순간 이자도 들어오지 않고, 나와 연락도 되지 않는다. 그땐 원금을 찾으려 해도 찾을 수 없다.

| 부동산 폭탄 돌리기

또 다른 유혹은 부동산 폭탄 돌리기이다. 아무도 좋다고 생각하지 않는 부동산에서 '따박따박' 월세 나온다는 유혹으로 당신의 돈을 노린다. 대부분 2년 월세 보장이라

던가, 역세권 개발 확정 같이 엄청난 부동산 가치를 가진 것처럼 말한다.

모든 분양 업체들이 하는 말이 거짓을 말하지는 않지만 의심은 할 줄 알아야 한다.

기본적으로 월세가 보장되는 곳은 없다. 특히, 입주가 동시에 몰리는 곳에서는 더욱 그렇다. 아파트 조차 새로 입주하는 곳에서는 세입자를 맞추는 것이 너무 어렵다. 그런데 상가, 오피스텔이 새로 입주하는데 세입자를 맞추겠다고? 택도 없는 소리다.

부동산을 홍보할 때 주변에 쓸모없는 것들을 끌어모아 개발 호재라고 가져다 붙인다. 당신이 듣고 있는 개발 호재는 이미 가격에 모두 반영되어 있다. 그 호재 때문에 더이상 가격은 오를 일은 없다.

이 사실을 모른다면 당신이 가장 비싸게 사고 있는 호구일 가능성이 높다. 부동산 계약을 할때는 윈윈(Win-Win) 하는 계약은 없다고 봐야한다. 상대방이 호구이거나, 아니면 당신이 호구다. 파는 사람은 싸게 팔기 싫고,

사는 사람도 비싸게 사고 싶지 않다. 거래가 성사 되었다면 둘 중 하나는 손해를 확정하고 거래하는 것이다. 부동산 거래에 너무 설레고 신이 난다면 당신은 호구일 가능성이 아주 높다. 부동산 투자 고수들은 주변의 모든 시세를 조사한 다음 자신이 싸게 사는지, 비싸게 사는지 알고 있다.

이렇게 경고를 해도, 사기를 당하거나 아무런 도움되지 않는 투자를 하는 경우가 허다하다. 급하기 때문이다. 자만하기 때문이다. 무언가 혹하는 마음에 대출까지 끌어서 투자한다.

내 지인의 경우 분양 받은 아파트가 4억 원의 시세 상승을 보이자 자신감이 생겼다. 레버리지의 달콤한 맛을 본 그는 50억 짜리 부동산을 아주 쉽게 생각했다. 50억 짜리는 월 8천만 원 수익이 나오니까 45억 대출 받아도 상관없다고 말하고 다녔다.

결국, 부모님과 처가집 식구들 돈 까지 끌어다 부동산 공동투자를 했다. 물론 각자 지분대로 대출까지 받아서 투자했다. 그리고 부동산 폭락을 맞이했다. 그 지인은 결국 회사에서도 퇴출되고 겨우 작은 햄버거 가게로 생계를 연명 중에 있다.

| 대출도 받고, 전세 보증금도 받고

레버리지의 맛을 보게 되면 욕심은 점점 커진다. 전세 입자의 보증금을 받아 돈 얼마 들이지 않고 첫 아파트를 사는 사람들은 이렇게 아파트를 살 수 있다는 깨달음을 얻었다고 자만한다. 레버리지의 맛을 본 것이다.

이렇게 되면 또 다른 아파트를 사고 싶어진다. 대출과 세입자 보증금을 함께 활용하면 자신의 돈이 단 한푼도 들이지 않고 살 수 있다고 착각한다. 사실 이렇게 살 수 있는 경우도 있다. 시세보다 싼 급매 또는 경매로 저렴하게 취득한 경우가 해당될 수 있다.

그러나 일반적으로 하나의 자산에는 하나의 대출만 이용해야 한다. 내가 지키는 철칙이다.

세입자의 보증금도 대출과 같다. 결국 갚아야 하는 돈이기 때문이다. 아파트 한채를 구매하는데 은행 돈도 빌리고, 세입자 돈도 빌린다는 것은 아주 위험한 생각이다.

아파트라는 담보도 부동산 시장 폭락기에는 30% 가량 하락한다. 담보 평가가 너무 낮아지게 되는 상황과 전세 시세가 하락하게 되면 돈을 동시에 갚아야 하는 상황이 겹칠 수 있다. 전세 가격은 수천만 원씩 오르내린다. 당신의 월급으로 감당할 수 없는 돈이다. 감당할 수 있다해도 당신의 생활은 궁핍해 질 수 있다.

마치며

생각보다 레버리지를 이용하는 방법은 간단하다. 종류도 몇개 되지 않는다.

이 책도 더 가르쳐 줄 것이 없어 분량도 매우 작다. 그럼에도 잘못 사용하면 치명적일 수 있다.

중요한 것은 레버리지의 원리다. 이것을 이해하면 위험을 인식할 수 있다. 마치 불처럼 잘 다룰 줄 알아야 한다. 불은 위험하지만, 인간에게 아주 유용하다. 레버리지도 위험하지만 당신의 부를 위해 아주 유용한 수단이며 과정이다.

당신이 부를 향해 달리고 있다면, 언젠가는 만날 레버리지를 안정적으로 설계하길 바란다.

부록 : 가장 완벽한 자산 비트코인

40년 전으로 돌아가서 생각해봅시다. 바로, 1985년으로 말이죠.

동네 수퍼마켓에서 새우깡을 사 먹을때 500원 대신 신용카드를 내밀었다면, 사장님에게 미친 놈이라는 소리를 들었을 겁니다.

사장님은 이렇게 말했겠죠.

"플라스틱 쪼가리 말고, 돈 가져와."

지금은 어떤가요? 모든 편의점과 어느 곳에 가도, 새우깡을 사먹을 때, 신용카드로 결제할 수 있습니다. 판매자와 소비자 모두 신용카드는 돈을 대신한다고 믿기 때문입니다.

믿건 안믿건, 세상은 변합니다. 우리는 본질을 볼 줄 알아야 합니다. 형태는 변해도, 본질은 변하지 않습니다.

돈의 형태는 인류 역사속에서 변해 왔습니다. 조개껍데기, 돌, 금, 구리, 은, 철, 종이 등등.. 지금은 돈이라고 상상하기 힘든 물건 조차 인간은 돈으로 사용해 왔습니다.

형태는 언제 어디서나 상황에 맞게 바뀌기 마련입니다. 그러나 본질은 변하지 않습니다. 본질을 알면, 좀더 오래동안 변하지 않을 가치를 발견할 수 있습니다.

돈은 사람들의 믿음으로 만들어졌을 뿐이라는 것을 깨달았을 때, 그리고 그 깨달음을 현실에 적절히 적용하면서 돈이 제게 모이기 시작했습니다.

그럼에도 저는 2020년까지는 비트코인이라는 암호화폐에 관심이 없었습니다. 들리는 뉴스를 보며 그저 카지노 칩이나, 게임 머니 같은 하찮은 것으로 생각했었죠. 물론, 비트코인이 무엇인지 정확하게 알아보지 않은 상태습니다.

제 기억에 2018년 아주 큰 폭락으로 많은 투자자들의 손실이 커지자, 국방부와 육군에서 비트코인 금지라는 주제로 도박예방교육을 하라는 공문도 내려왔었습니다. 그래서 장병들에게 비트코인은 도박이라고 교육을 한 적도 있습니다.

2021년에 비트코인이 크게 오르는 것을 봤죠. 이상하게도 등락의 폭은 굉장히 컸지만, 아주 빠르게 회복을 하는 특성을 봤습니다.

그때 조금씩 비트코인이 무언지 살펴보았습니다. 암호화된 디지털 자산이라는 정도만 알아보고, 앞으로 펼쳐질 디지털 세상에서 꽤 큰 역할을 하겠구나 정도만 생각했습니다.

Coin is Dollar 시대가 올 것 같다는 생각을 했습니다. 그러면서도 저는 투자를 하지는 않았습니다. 전통적으로 거시경제와 기업가치평가를 통해 주식에 투자할 뿐이었으니까요.

2022년 비트코인이 폭락하는 것과 여러가지 암호화폐 거래소가 망하는 것을 보며, 위험부담을 안고 가는 것보다 좀더 확실한 종합주가지수 중심의 투자를 안고 가는 것이 더 나은 선택이라고 생각했습니다.

2022년 10월 즈음, 비트코인과 이더리움이 미국 선물 시장에서 정식으로 거래되고, 2023년이 되자, 비트코인을 미국에서 ETF로 추진한다는 이야기가 슬슬 나왔고, 연말 즈음 현물 ETF로 승인했습니다.

Coin is Dollar 시대가 시작되었다는 생각이 확실히 들었고, 여기에 올라타냐 마냐를 두고 고민을 했습니다.

비트코인이 정확히 어떤 구조로 설계되어 있고, 본질은 무엇인지 확인했습니다. 그리고 2024년 3월, 저는 비트코인을 투자하기로 했습니다. 그리고 첫 ETF를 사기 시작하죠.

그리고 1년뒤 2025년 3월 – 생각만 하고 있던 온라인에서 완전히 분리된 개인 지갑에 저만의 비트코인을 가져왔습니다. 이 경험은 저에게 '완벽한 자산'이 무엇인지 깨달음을 주었습니다.

뉴스나 유튜브에 나오는 유명한 경제학자들이 비트코

인은 실체가 없기에 쓸모없다라고 말하죠.

지금은 전세계 160개국에서 VISA 결제망을 이용하여 비트코인으로 직접 결제할 수 있습니다. 비트코인이 쓸모가 없다는 주장은 완전히 틀렸습니다. 저는 오늘도 사무실 앞에서 비트코인으로 아메리카노 한잔을 주문했습니다.

그 똑똑하고 지능 높은 사람들의 주장은 모두 틀렸습니다. 저는 비트코인 실물을 자신의 지갑으로 옮겨본 적이 없는 사람들이 하는 이야기란는 것을 깨달았습니다.

돈의 본질을 이해하고, 비트코인 실물을 완전한 사유물로 다뤄본 경험이 있다면 비트코인이 쓸모없다는 이야기를 절대 할 수 없습니다.

여러분은 돈을 가지고 있습니까?

단돈 10만원이라도 가지고 있다면, 그 10만원은 지금 어디에 있나요?

이 질문에 대답할 수 있나요?

우리 돈은 [은행 장부]에 적혀있습니다. 지금은 디지털로 은행 서버에 기록되어 있죠.

여러분의 돈은 서버에 저장된 숫자일 뿐입니다. 하루 종일 땀 흘려 일하고, 한달을 그렇게 일하면 직장에서는 은행 서버 관리자에게 요구합니다.

회사에 기록된 2,000,000 이라는 숫자를 여러분의 개인 장부에 옮겨서 기록해달라고 합니다. 그 결과, 여러분의 개인 장부에는 2,000,000 이라는 숫자가 기록되죠.

여러분은 마트에서 바나나 1개를 샀습니다.

신용카드를 통해 개인 장부에 기록된 숫자에서 바나나 가격만큼의 숫자를 마트의 장부로 변경해달라고 요구합니다.

신용카드를 계산대에 제출하면 신용카드사가 은행에게 장부 기록을 변경하라고 하고, 은행은 그 정보에 따라 2,000,000에서 바나나 가격을 지웁니다.

그러면, 여러분 장부에는 바나나 가격을 뺀 숫자가 남아있는거죠. 그 숫자를 우리는 은행 서버와 연결된 핸스폰 뱅킹 어플에서 볼 수 있습니다.

그러곤, 얼마나 돈이 남았는지 인식하게 되는 거죠.

돈이라는 것은 단지 숫자일 뿐입니다.

그 숫자를 은행 서버에 보관하고, 그것을 우리는 계좌라고 합니다. 돈의 형태가 없어도, 우리는 돈을 받기도하고 쓰기도 합니다.

비트코인이 실체가 없다는 말은, 원래 돈도 실체가 없다는 사실을 모르고 하는 말이죠.

이미 돈도 실체가 없어진지 오래전입니다.

정확히 이야기 하자면 돈은 실체가 없는 것이 아닙니다. 원래부터가 돈은 신용이고, 약속이기 때문에, 눈에 보이지 않는 신용이 실체이죠.

돈은 물물교환의 약속일뿐 그 형태는 무엇이 되든 상

관없습니다.

그러니 돈의 실체, 형체에 집착하는 사람은 돈은 약속이라는 개념을 이해하기 힘들죠. 돈은 원래 형체가 없는 겁니다. 그래서 눈에 보이지도 않는 컴퓨터 메모리속에서 숫자만 적어도 돈이라는 기능을 유지하며 사용할 수 있는 겁니다.

비트코인이 눈에 보이지 않고, 손에 잡히지 않는다고 해서 쓸모가 없다는 논리는 틀렸습니다. 우리가 지금 쓰는 돈도 눈에 보이지 않으며, 손에 잡히지도 않습니다.

그러면 지금부터 지금 우리의 돈은 어떤 식으로 사용되고 있는지 알아보겠습니다.

학자들의 말로는 바빌론 문명때 일이라고 합니다.

아주 오래전 금을 가공하는 업자들이 있었습니다. 금은 귀금속이었기에 화폐처럼 사용되고 있었죠.

사람들은 가지고 있던 금을 금세공업자에게 맡기고, 증서를 받았습니다. 지금 부동산으로 치면 등기부등본 같은 겁니다.

'나는 A금세공업자에게 1kg의 금을 맡겼다'는 증서였죠. 다르게 말하면 그 증서는 A세공업자로 부터 금 1kg을 받을 수 있다는 권리가 적혀있었습니다. 그 증서만 가져가면, 세공업자는 금을 돌려줘야 했습니다.

금을 맡기는 사람들이 많아지고, 시간이 지나며 세공업자들은 깨닫습니다. 사람들이 맡기기만하고 다시 찾아가는 사람은 그리 많지않다는 것을 알게됩니다.

금세공업자는 사람들이 맡긴 금을 다른 사람에게 빌려주기 시작합니다. 이것이 대출의 시작입니다. 돈이 필요한 사람과 금 세공업자의 대출 이자수익, 그리고 금을 맡긴 사람의 예금 이자 수익... 이 3가지 이해관계가 만나면서 은행이라는 개념이 생기게 된 것이죠.

세공업자는 금을 맡긴 사람, 금을 빌려간 사람, 두 사람간의 이자를 장부에 기록하며, 각 고객에게 증서를 만들어 줍니다.

　금은 세공업자의 금고에 보관되어 있지만, 금의 소유권이 장부에 기록이 추가되고 유지되며 삭제되는 과정이 반복됩니다.

　즉, 실제 금은 움직이지 않는데, 소유권만 여기저기 옮겨 다닙니다. 그럼 그 소유권은 최종적으로, 지금 누구에게 있느냐는 전적으로 세공업자의 장부에 의존합니다.

　여기서 주목해야할 점은 "세공업자의 장부"입니다. 장부 기록이 금을 소유했다는 증서의 강력한 증거이죠. 금세공업자의 장부처럼, 현대는 은행의 서버가 그 역할을 하고 있습니다. 돈은 은행이 가지고 있고, 예금을 하는 사람과 대출을 하는 사람의 돈은 그저 은행 장부에 기록될 뿐인거죠.

　돈은 형태가 없어도 됩니다. 은행 장부에 기록만 되고 있는 것으로 충분합니다.

　여기까지 돈은 원래 실체가 없다는 이야기를 했습니다. 중요한 것은 기록인거죠.

그렇다면, 비트코인은 무엇일까요?

비트코인도 돈과 마찬가지로 장부에 기록된 숫자일 뿐입니다. 비트코인은 별도의 네트워크가 있습니다. 은행 서버처럼 말이죠.

그런데 비트코인 네트워크는 전 세계 수만명의 개별적인 노드(쉽게말해, 개인 서버)로 연결되어 있습니다. 은행 장부는 은행의 서버에만 기록되어 있는 반면, 비트코인 장부는 전세계의 익명의 개인 서버에 동시에 기록되어 있습니다.

은행 서버는 관리자 한명이 장부 기록을 변경할 수 있습니다. 사실 여러분의 월급에 '0' 하나를 더 보태는 것은 아주 쉬운 일입니다.

그러나, 비트코인 네트워크를 이루는 수만개의 개인서버는 동시에 연동되기 때문에 특정인이 아무리 자기 마음대로 바꾸려해도 그 기록을 없애는 것은 불가능합니다.

그리고, 매일 매시간 이상없는지 상호검증하는 체계를 갖추고 있습니다. 비트코인 네크워크의 개인 서버는 상호

연동되기에 서로의 데이터, 즉 장부 기록이 이상없는지 확인합니다.

제가 처음으로 비트코인을 실물로 개인 지갑으로 옮긴 날의 제 비트코인 보유량에 대한 기록은 비트코인 네트워크에 저장됩니다.

정확한 용어로 이야기한다면, 비트코인 온체인상에 블록에 기록되었다고 표현합니다. 어느 한 장부에서 제 개인 지갑으로 송금하겠다는 송금장이 블록에 기록되는데요, 이것을 트렌젝션이라고 부릅니다.

즉, "0.00015309 BTC 는 기존 00 지갑에서 리치비의 지갑으로 이동합니다." 는 정보가 적힌 것 송금장을 트렌젝션이라고 부릅니다.

이 드렌젝션이 비트코인 블록에 일일이 기록되는 거죠. 놀라운 점은, 이 모든 기록이 전 세계 비트코인 네트워크 개인 서버(채굴자와 노드)들이 확인한다는 것입니다. 그리고 이것을 누구나 확인할 수 있습니다.

놀랍죠.

은행 서버 관리자가 확인하지 않아도, 전 세계의 1만6천명이 제 장부 기록을 이상없이 확인해줌으로 해서 저의 비트코인 소유권을 증명해주고 있습니다.

여기까지 조금 이해가 되시나요?

비트코인을 눈으로 볼 수 없고, 손으로 만질 수 없기에 가치가 없다고 하는 사람들은 이 단계를 전혀 해보지 않은 사람입니다.

사실, 이 간단한 작업까지도 안해본 사람에게 비트코인의 가치를 알리기는 너무 힘든 일입니다. 이해를 못하기 때문이죠.

어차피 돈이라는 것은 장부의 기록일 뿐입니다. 누군가 보증해주는 기록이 돈일 뿐입니다.

은행 서버관리자 1명이 보증해주는 숫자가 더 가치 있을까요? 아니면, 1만 6천명이 보증해주는 숫자가 더 가치 있을까요?

의심하지마세요... 당연히 비트코인입니다.

여기까지 읽으셨다면,

"비트코인이 장부에 잘 기록된다는 것은 알겠어!"

"그런데 그걸 어디다가 쓰냐고!!!"

비트코인의 쓸모에 대해 궁금해 하실 겁니다. 자.. 그러면 화폐에 대해 좀더 깊이 파보겠습니다.

기존의 화폐, 즉 돈은 국가에서 만듭니다. 국가에서 상품권을 만드는 것과 같습니다. 백화점 상품권 선물 받아보셨나요? 상품권 10만원은 그 백화점에서만 물건을 10만원 어치 교환할 수 있습니다.

신세계 상품권으로 현대 백화점에서 사용할 수 없는 노릇이죠. 여러분이 상품권을 가지고 백화점에 입점한 스타벅스에서 커피 한잔을 사먹었다고 하면, 스타벅스는 상품권 만큼의 현금을 백화점에서 줄 것을 믿기에 여러분의 상품권을 커피로 교환해 줍니다.

상품권이 다시 돈으로 바꿀 수 있다는 백화점에 대한 신뢰로 그 가치가 만들어지는 거죠.

우리가 사용하는 돈도 마찬가지, 물물교환을 해주는 상대방이 그 돈으로 다른 무언가를 할 수 있다는 믿음이 있어야 하고, 그 믿음은 국가에 대한 신뢰를 기반으로 하죠.

여러분이 5만원 짜리 지폐를 가지고, 미국에 있는 맥도날드에서 햄버거로 바꿔달라고 하면 바꿔주지 않습니다. 맥도날드 사장이 5만원으로 다른 것을 할 수 없다고 믿기 때문입니다. 아마 맥도날드 사장은 달러로 바꿔오라고 하겠죠.

이 처럼 국가에서 발행한 화폐는, 그 나라에서만 사용할 수 있는 상품권과 같습니다. 국가가 망하지 않을 거라는 신뢰를 바탕으로 만들어지죠.

국가의 신뢰는 채권입니다. 국채라고 부르죠. 국가는 자기 마음대로 채권을 발행할 수 있습니다. 채권이라는 것은 "당신에게 돈을 빌렸습니다."라는 증서입니다.

즉, 채권을 가져오면 다시 돈을 드리겠습니다는 뜻과 같습니다.

망한 국가의 채권은 쓸모가 없어집니다. 채권을 가져가도 돈을 돌려줄 국가가 없기 때문이죠. 때문에, 국가채권이라는 것은 국가가 망하지 않을 것이라는 사람들의 믿음, 즉 신용으로 유지됩니다.

이런 과정을 통해 돈은 시장에 유통됩니다. 국가의 채권, 국가의 신용으로 돈이 만들어지게 되는 겁니다. 간략하게 정리하자면, 화폐는 국가가 보증하기 때문에 의미가 있습니다. 화폐의 담보는 '국가 신용'이 됩니다.

화폐는 어떠한 담보가 필요합니다. 담보는 모든 사람들이 믿을 수 있는 무엇이어야하며, 그 무엇은 유형적일 수도 있고 무형적일 수도 있습니다. 담보는 물건이 아니더라도, 견고한 시스템이어도 됩니다.

지금의 화폐는 국채라는 물건인 동시에 국가라는 견고한 시템을 담보로 합니다.

화폐는 믿을 만한 담보로부터 만들어지는 물물교환 매개체입니다.

그러면 비트코인은 화폐일까요? 담보일까요?

둘다입니다. 비트코인은 화폐이면서 신뢰성 높은 담보입니다.

먼저, 담보로서 가치를 말해볼게요. 담보는 변하지 않아야 합니다. 즉, 불변성이 있어야 합니다.

이 불변성을 이해하려면, 기술적인 이해가 필요합니다. 특히 암호학을 이해해야 하는데, 간략히 이야기해보겠습니다. 결론적으로 비트코인은 사라지지 않으며, 변하지 않습니다.

이를 위해서는 3가지의 강력한 보안성이 필요합니다. 개인의 주소, 트랜잭션과 블록의 기록이 변경되지 않아야 합니다.

위 3가지는 오직 소유자만이 변경할 수 있어야 합니다. 그 외에 누군가 변경할 수 있는 아주 작은 가능성이라도 없어야 합니다.

2의 256제곱이라는 어마한 경우의 수를 가지고 있기에 양자컴퓨터가 만들어지더라도 해킹은 불가능에 가깝습니다.

또, 일방향 암호화된 개인 코드와 오픈 코드의 이중 인증 방식으로 단 한명의 소유자만이 트랜잭션을 수정할 수 있습니다. 이는 마치 지금 은행에서 공인인증서 + OTP 코드를 동시에 사용하는 방식과 같습니다.

거기에 더해서 비트코인은 소유자가 어떤 OPT를 사용하는 지 알 수 없습니다. 은행이 제공하는 OTP를 사용하는 것과는 훨씬 폐쇄적이고 아날로그적인 방식이죠. 이 때문에 소유자는 트랜잭션의 수정 권한을 절대적으로 유지할 수 있는 것이죠.

트랜잭션이 블록에 기록된다해도, 블록 자체를 없애버릴 수 있다면 그것 또한 큰 문제이겠지만, 걱정할 필요가 없습니다.

마치 꼬치에 끼우는 소떡소떡처럼, 블록은 오직 직렬 방식으로 연결 됩니다. 그리고 그 가운데 블록이 하나 없어지더라도 전 세계 수만개의 개인 서버(노드)에 기록된 정보에서 즉시 확인하고, 복구되기 때문에 절대 수정할 수 없습니다.

만약, 블록을 삭제하고 싶다면 전 세계 익명의 개인 서버(노드)를 0.00000001초도 틀림없이 동시에 수정해야 가능합니다. 이는 양자컴퓨터가 등장해도 절대 수정할 수 없습니다.

따라서, 비트코인은 담보 가치로서 세상의 그 어떤 것보다 절대적인 불변성을 가지고 있습니다.

이 불변성은 모든 사람들의 신뢰를 얻게 됩니다. 금이 인류 역사상 가장 오래 사용된 담보물이었습니다. 지금도 그렇죠.

금이 왜 담보물로 가치가 있을까요? 많은 사람들이 공급을 말하지만, 금의 진짜 담보 가치는 바로 불변성입니다.

금은 녹이 슬지 않은 유일한 원소입니다(방사선 원소를 제외하고 말이죠.). 금은 산소와 반응하지 않습니다. 그래서 수천년을 습기찬 지하에 보관해도 반짝이는 상태를 유지하는 것이죠. 그래서 금은 불변성을 가집니다. 그 불변성 때문에 담보로서 가치가 있는 것이죠.

비트코인을 디지털 금이라고 부르는 이유는 불변한다는 특성이 강력하기 때문입니다. 비트코인은 신뢰성 높은 담보물입니다. 이는 높은 자산적 가치를 가집니다.

주식시장에서 저는 종합주가지수를 고집합니다. 수십년동안 많은 기업들이 생기고, 성장하기도 하고 망하기도 합니다.

종합주가지수는 최고의 기업들로 그 숫자를 제한합니다. 즉, 구조적으로 종합주가지수는 성장하는 회사들로만 구성될 수 밖에 없죠. 이것을 저는 성장의 불변성이라고 정의합니다. 이런 관점에서 비트코인은 높은 신뢰성을 가진 자산으로 생각합니다.

담보 가치와 더불어 비트코인은 화폐적 사용성도 아주 뛰어납니다.

화폐는 사용이 편해야합니다. 종이 지폐는 금화 보다 사용이 편합니다. 금은 무게를 이용해 물리적으로 잘라서 사용해야하지만, 종이 지폐는 숫자만 바꾸면 됩니다. 아주 간단하죠.

종이 지폐보다 스마트폰 뱅킹어플의 숫자를 바꾸는 것으로 우리는 거래를 하고 있습니다. 너무 편리하죠. 놀라운 사실은 비트코인은 우리가 사용하는 화폐보다 더 간단하다는 사실입니다.

생각의 범위를 대한민국으로 한정 짓지말고, 지구로 확장해보죠.

5만원 짜리 한장을 두바이에서 핫도그를 사먹고 싶은 친구에게 보낸다고 생각해보면, 여간 번거로운 일이 아닐 수 없습니다.

두바이에 있는 친구는 한국의 민영 은행과 연결된 계좌를 가지고 있어야 합니다. 그리고 환전을 해야 합니다. 5만원이라는 원화를 해외로 보내려면 국가의 검열을 받습니다. 우리는 워낙 소액으로 보내고, 지금을 글로벌 시대를 살고 있기에 검열이 없는 것 처럼 느끼지만 불과 40년 전만해도 해외로 돈을 보내는 것은 강력한 국가의 통제를 받아야 했습니다. 소액의 경우 검열이 없는 것처럼 느껴지지만 국가는 모두 확인하고 있습니다.

반면, 비트코인은 개인 지갑에서 두바이에 있는 친구에게 보내면 거래소를 통해 두바이에서 사용하는 화폐로 바꾸면 끝입니다.

국가가 은행 장부기록을 정지시키지도 못합니다.

기분좋은 상상이지만, 여러분이 100억의 현금을 가지고 있다고 생각해보죠. 현재 금 시세로 따지면, 70kg의 금이 100억원입니다.

해외로 여러분이 100억을 금으로 옮긴다면, 70kg을 가방에 넣고 가야합니다. 제 몸무게가 70kg이니, 리치비 금 동상을 만들어 들고 가면 되겠죠? ^^

현금을 달러로 바꾸어 100억을 해외에 있는 계좌로 옮기려면, 외환관리법의 법률을 따라야 합니다. 즉, 정부의 승인을 받아야 하며 100억을 이체하는 이유를 밝히지 못하면, 이체 자체가 거부됩니다.

돈은 국가 것이기 때문이죠. 화폐의 이런 불편함 때문에 슈퍼리치, 고액 자산가들은 아주 희소한 예술품을 삽니다.

100억을 그림 한점으로 바꾸면, 그 가벼운 그림을 들고 세계 어디든 갈 수 있습니다. 금이나 현금을 들고 가는 것보다 훨씬 간단한 일이죠. 그럼에도 도난, 분실, 훼손의 위험은 존재하기에 이런 자산 또한 여간 불편한 것이 아닙니다.

반면, 비트코인은 이런 통제로 부터 자유롭습니다.

인터넷의 비트코인 네트워크에 접속만 할 수 있다면 전세계 어디든 언제든 자산의 이동이 쉽습니다. 어떤 통제도 받지 않고 말이죠. 그래서 탈 중앙화라고 하는 것이구요.

이런 비트코인의 특징은 화폐로서 본질을 잘 갖춘 전지구적인 성격을 가지고 있습니다.

오직, 비트코인 가격이 오르기만 바라는 것은 너무 단

기적이며 단편적인 생각입니다.

자산의 본질을 생각하면, 비트코인은 평생 사유해야 할 대상물입니다. 제 생각에 비트코인은 인류가 사용하고 있는 가장 완벽한 자본이며 자산입니다.

게다가 수량이 한정된, 누구도 2,100만개 이상으로 생산해 낼 수 없는 희소한 자산이죠.

비트코인 올라라!! 이런 식으로 접근하지 마시고,

비트코인을 암호기술적 관점, 화폐 인문학적 관점, 자본주의 시스템의 관점으로 이해해보면 훗날 많은 도움이 되리라 생각합니다.

인터넷과 완전히 물리적으로 분리된 개인지갑에 비트코인 실물을 옮겨 보관해보세요. 단, 한번의 경험이 놀라운 세상을 알게 해줄 겁니다.

제가 운영하는 리치군인 클래스에서는 다양한 재테크와 자기계발 스터디를 무료로 운영합니다. '비트코인 챌

린지'는 바뀌어 가는 세상속에 암호화폐에 적응력을 높이기 위해 스터디를 무료로 운영합니다. 비트코인에 대한 이해부터 그 누구도 통제할 수 없는 자신만의 개인 지갑으로 보관하는 방법까지 배울 수 있습니다.

감사합니다.

여러분의 미래를 위한 선택을 응원합니다.